HISTOIRE

DES

PETITES SŒURS DES PAUVRES.

Les œuvres de Dieu sont pleines de merveilles ; elles confondent la raison, elles lui montrent ses faiblesses et révèlent les procédés inconcevables dont use la Providence en faveur des desseins qu'elle adopte. L'histoire de la fondation des divers Instituts de prières et de charité que l'Eglise a vus éclore est aussi pleine d'enseignements que d'intérêt : la main de Dieu s'y manifeste clairement ; on peut suivre son action, travaillant au rebours de la sagesse humaine, dans la bassesse et l'humilité, et choisissant, comme les plus solides fondements des œuvres les plus éclatantes, l'abjection et l'anéantissement. Le bras de la Providence n'est point raccourci ; notre siècle voit les mêmes merveilles que les siècles précédents. Malgré l'aveuglement des hommes et leurs folles prétentions, la bonté de Dieu leur prodigue ses grâces : ses miséricordes éclatent même dans les dures expériences où il laisse aller la société, dans les châtiments qu'il lui envoie ou dont il la menace, mais surtout dans ces gages de tendresse qu'il lui prodigue amoureusement, et les exemples qu'il lui montre de toutes parts. L'orgueil humain est rebelle aux enseignements du passé ; il sera touché plus facilement par ceux des faits contemporains. Cette espérance nous engage à réunir ici quelques traits de l'histoire des *Petites Sœurs des Pauvres*.

Leur œuvre est connue ; il est superflu de chercher à éveiller l'intérêt et les sympathies sur des travaux que l'admiration entoure partout, et dont on peut voir et toucher les incroyables résultats dans les principales villes de France. Mais tant d'enseignements et de consolations de toutes sortes résultent de cette histoire ; la faiblesse des instruments dont Dieu s'est servi pour venir si efficacement en aide à ses pauvres, présente une leçon si grande et si appropriée aux théories modernes, qu'il est bon de faire connaître à nos lecteurs quelques faits de l'origine et du développement de cette œuvre. Nulle part ne se montre plus visiblement la puissance de la charité, de la charité vraie, qui embrasse Dieu d'abord et le prochain ensuite pour l'amour de Dieu. Notre siècle méconnaît assez volontiers cette charité divine ; ceux même qui ne la dédaignent pas et qui veulent la pratiquer, ignorent sa nature et sa force ; ils croient utile souvent de la déguiser sous les oripeaux des systèmes modernes, de l'étayer et de la compliquer de toutes sortes d'appuis humains qui ne tendent qu'à la dénaturer et à l'affaiblir.

L'œuvre des Petites Sœurs des Pauvres, comme toutes les œuvres de Dieu, est née petitement : elle s'est développée et elle se maintient sans autres ressources que celles que lui ménage la Providence. Dans toutes ses contradictions et ses nécessités, elle n'a pas eu d'autre recours que la prière. Avec cet appui, elle trouve à employer surabondamment le zèle de charité qu'elle développe parmi ses membres. Il y a là quelque chose qui ressemble à ce que l'école appelle une pétition de principe. La charité et la prière s'entr'aident et tournent, pour ainsi dire, sur elles-mêmes en se développant toujours. La charité conçoit, la prière obtient les moyens d'exécution ; la charité en devient plus entreprenante, et la prière, toujours plus vive, voit toujours les moyens d'exécution s'augmenter devant elle. Quand l'œuvre a commencé, on ne pensait pas créer un institut qui s'étendrait sur toute la France, et nous pouvons déjà dire sur le monde entier. Il s'agissait uniquement d'une nécessité présente ; Dieu seul a donné à l'entreprise sa fécondité et son extension. Les hommes n'y ont mis que leur patience, leur dévouement et leur docilité aux inspirations divines. C'est à Saint-Servan que l'œuvre des Petites Sœurs des Pauvres a commencé.

Saint-Servan est une petite ville de Bretagne, en face

de Saint-Malo, sur le bord de l'Océan, dont un bras, laissé à sec deux fois par jour, sépare les deux cités. La population des côtes gagne sa vie et exerce son industrie sur mer, et on attribue aux fureurs de cet élément le grand nombre de vieilles femmes veuves et sans ressources qn'on rencontre dans la Bretagne. Elles n'ont d'autres moyens d'existence que la mendicité, et participent à tous les vices qu'elle enfante. Beaucoup d'entre elles rappellent ces pauvres dont parlait déjà à saint François de Sales la bonne Anne-Jacqueline Coste : « Ils prennent l'aumône sans savoir que c'est Dieu qui la donne; ils vivent dans un état de vagabondage déplorable, hantent les portes des églises sans jamais y entrer et sans rien connaître des mystères qui s'y célèbrent; ils s'adonnent à tous les vices, vivent et meurent dans une ignorance inouïe des choses du salut. » Le souci de ces pauvres âmes, qui engageait la bonne tourière du premier monastère de la Visitation d'Annecy à parler hardiment au bienheureux évêque de Genève et à lui indiquer les mesures à prendre pour le bien de cette nombreuse portion de son troupeau; le souci de ces pauvres âmes délaissées, aveugles, éloignées de Dieu et dans un état de misère religieuse cent fois plus à plaindre que la misère physique qui leur attire au moins des aumônes; ce souci pressait, il y a une douzaine d'années, un vicaire de la paroisse de Saint-Servan. Il ne nous est pas permis d'entrer dans le détail de la vie de ce prêtre. C'était déjà une vie adonnée à Dieu et aux saints exercices de la charité, une vie dévouée dont le zèle ne s'arrêtait pas devant les obstacles. Le dénûment des âmes sur lesquelles il s'apitoyait était complet. Saint-Servan ne possédait pas d'hospice, de ces hospices gouvernés par nos administrations civiles, où les vieillards reçoivent un asile et sont censés trouver aussi les secours spirituels qui leur sont nécessaires.

Le pauvre vicaire n'avait devers lui aucune des ressources indispensables pour élever un de ces établissements; mais il pouvait communiquer à certaines âmes la compassion dont il était touché. La Providence se chargea de lui désigner celles auxquelles il devait s'adresser. Une jeune fille de la paroisse , qui n'avait pas coutume de s'adresser à lui, se trouva un jour à son confessionnal sans avoir jamais pu expliquer pourquoi et comment elle y était entrée. Le prêtre reconnut tout de suite une âme propre au dessein qu'il méditait. De son côté, en écoutant les avis du prêtre auquel elle avait été conduite pour ainsi dire malgré elle, cette jeune fille ressentit cette paix et cette consolation que Dieu donne aux âmes soumises à la direction où il les veut. Elle avait depuis longtemps le désir d'être religieuse ; elle était ouvrière et n'avait d'autres moyens d'existence que le travail de ses mains. Le prêtre la confirma dans ses intentions, et commença à entrevoir le jour où il pourrait réaliser son désir de soulager les pauvres vieillards. Il remarqua bientôt, parmi les âmes qu'il dirigeait, une autre jeune fille , orpheline et de même condition que la première. Il les engagea à se lier ensemble, et sans rien leur communiquer encore de son projet, les assura que Dieu les voulait l'une et l'autre entièrement à lui, et qu'elles le serviraient dans la vocation religieuse. Il les encouragea à se préparer à cet honneur, et à s'essayer à vaincre en elles-mêmes tous les penchants de la nature. Les deux enfants, on peut bien leur donner ce nom (l'aînée n'avait pas dix-huit ans, la seconde en avait à peine seize), les deux enfants se mirent généreusement à l'œuvre. L'abbé leur avait dit qu'elles serviraient Dieu dans la même communauté ; elles le croyaient sans rechercher autre chose. Il avait dit à la plus jeune de considérer l'aînée comme sa supérieure et sa mère. Elles travaillaient chacune de leur côté durant la semaine, et se réunissaient le dimanche. Avant que l'abbé leur eût recommandé de se lier, elles ne se connaissaient pas : à partir de ce jour elles se trouvèrent unies par un de ces liens puissants et aimables que la Providence crée entre les âmes qui lui appartiennent, et dont les frivoles amitiés des hommes du monde ne peuvent faire comprendre la douceur et la force.

Tous les dimanches, après la messe paroissiale, ces deux enfants, évitant les compagnies et les distrac-tions, s'en allaient sur le bord de la mer. Elles avaient adopté un certain creux de rocher ; elles s'y mettaient à l'abri, et y passaient leur après-midi à s'entretenir de Dieu et à se rendre compte l'une à l'autre de leur intérieur et des infractions qu'elles pouvaient avoir faites à un petit règlement de vie que l'abbé leur avait donné. Elles s'accoutumaient de la sorte et tout simplement à cet exercice de la vie religieuse qu'on appelle la conférence spirituelle. Elles s'entretenaient de leur règle et s'appliquaient à en pénétrer l'esprit. Une phrase les arrêtait, et elles ne pouvaient en pénétrer le sens : « Nous aimerons surtout, y était-il dit, à agir avec bonté envers les pauvres vieillards infirmes et malades ; nous ne leur refuserons pas nos soins, toutefois, quand l'occasion s'en présentera ; car nous devons nous donner bien garde de nous ingérer en ce qui ne nous regarde point. » Elles pesaient tous ces mots sans que rien leur apprît le dessein de celui qu'on pouvait déjà appeler leur Père. Il en usait avec elles comme avait fait saint François de Sales à l'égard de sainte Chantal, leur parlant de leur vocation, leur proposant certaines communautés, changeant ensuite d'avis, les engageant à faire des démarches où il savait qu'elles seraient rebutées, exerçant enfin leur patience et ployant leur esprit par toutes les manières possibles pendant près de deux ans. Vers les derniers mois de ce temps d'épreuve, il s'était ouvert à elles un peu davantage, et leur avait recommandé de prendre soin d'une vieille aveugle de leur voisinage. Les enfants obéirent et employèrent tous leurs loisirs autour de cette pauvre infirme ; elles la soulageaient selon leur petit pouvoir, disposant en sa faveur de leurs économies, faisant son ménage, la conduisant à la messe le dimanche, enfin remplissant auprès d'elle tous les offices que la charité pouvait leur inspirer. Cependant la Providence accommoda bientôt les choses de manière à ce qu'on pût procéder à un petit commencement de l'œuvre dont on n'avait encore qu'une si faible esquisse. Elle mit sur le chemin des deux jeunes filles une ancienne servante dont le nom est aujourd'hui connu de toute la France. Jeanne Jugan, qui embrassa avec ardeur les projets dont on l'entretint, avait quarante-huit ans; elle possédait une petite somme d'environ six cents francs; elle suffisait par son travail au surplus de ses besoins. Pour en alléger la charge, elle vivait avec une autre pieuse fille beaucoup plus âgée qu'elle. Fanchon Aubert, dans les desseins de la Providence, paraît avoir été appelée à jouer le rôle de la première bienfaitrice de la Congrégation. Comme tout était humble dans ces commencements, la bienfaitrice n'était pas riche. Fanchon avait près de soixante ans : elle possédait quelques fonds, un petit mobilier conforme à la condition la plus modeste, et des nippes en grande abondance; elle donna tout, on peut dire qu'elle se donna elle-même. Elle partagea les travaux et les privations des sœurs, elle vécut avec elles, ne les quitta jamais et mourut entre leurs bras. On lui avait proposé de se lier par des vœux à ses compagnes, elle s'était trouvée trop vieille et avait voulu rester auprès d'elles ce qu'elle avait été dès les premiers jours. Dans la petite mansarde qu'elle occupait avec Jeanne, elle avait accueilli volontiers Marie-Thérèse qui était orpheline et que les circonstances obligeaient à chercher un asile. Marie-Augustine venait passer auprès de son amie tout le temps dont elle pouvait disposer.

On ne s'était pas ouvert à Fanchon des projets qu'on méditait, on ne voulait pas publier qu'on allait fonder un Institut nouveau, et les trois nouvelles Sœurs l'ignoraient à peu près encore elles-mêmes. Leur Père leur avait recommandé de se livrer entièrement à la divine Providence, de se confier à elle de toutes choses et de s'inquiéter seulement d'aimer Dieu, de le servir de toute leur âme, et de se dévouer au salut et au soulagement du prochain et des vieillards. Les enfants le faisaient joyeusement; elles avaient prié Dieu de bénir leur entreprise et de regarder avec miséricorde leur essai de vie commune. D'ailleurs, en s'établissant dans la mansarde, Marie-Thérèse n'y vint pas seule. Elle amena avec elle Notre-Seigneur, présent et vivant dans la personne de ses pauvres. Fanchon, dont la discrétion et la réserve étaient merveilleuses, qui sans chercher à pénétrer les desseins de ses compagnes entrait dans leur générosité; Fanchon, bonne petite vieille toujours propre et rangée, et jusque-là attachée à ses habitudes, consentit à prendre chez elle la pauvre aveugle de quatre-vingts ans qu'on soignait depuis plusieurs mois. Le jour de la fête de sainte Thérèse de l'année 1840, Marie-Augustine et Marie-Thérèse apportèrent sur leurs bras cette chère infirme, et la bénédiction de Dieu entra avec elle dans le nouveau ménage. Le premier pas était fait, il y avait encore une petite place dans le logement; on y mit bientôt une seconde vieille. La maison se trouva alors complète. Rien n'était changé d'ailleurs aux allures des personnages qui l'habitaient et que présidait toujours Fanchon. Jeanne filait; Marie-Augustine et Marie-Thérèse travaillaient à leur couture ou à leur lingerie, interrompant leurs travaux pour soigner les deux infirmes et leur rendre tous les devoirs de filles pieuses envers leurs mères, soulageant leurs maux, éclairant leur foi, animant, soutenant et réchauffant leur piété. Le vicaire, que nous pouvons bien déjà appeler le fondateur et le père, aidait de tout ce qu'il pouvait à la petite communauté, et, avec la grace de Dieu, on se suffisait. Ce n'était pas tout que de se suffire, il fallait encore se développer. Une quatrième servante des pauvres s'était unie aux trois premières; elle était malade et sur le point de mourir : comme aux anciens jours, elle voulut mourir consacrée à Dieu et parmi les servantes des pauvres. Elle se fit transporter dans la mansarde et y guérit. Elle laissa à Dieu cette vie qu'elle lui avait offerte et qu'il lui avait rendue; elle se voua au service des infirmes et des vieillards. Mais le soulagement de deux vieilles femmes ne pouvait pas être tout le fruit que l'Eglise devait tirer pour la gloire de Dieu du dévouement de ces généreuses filles.

On resta dans la mansarde environ dix mois : c'était le temps d'essai, le temps de noviciat, pour ainsi dire. Peut-être avait-on espéré que ce dévouement exciterait bientôt un généreux concours et attirerait des ressources

qui permettraient d'étendre l'œuvre et d'ouvrir un
asile à un plus grand nombre de vieillards. Peut-
être aussi n'avait-on pas regardé au-delà du commencement que nous venons de raconter. Toujours est-il que
si on attendait un secours humain, on résolut de s'en
passer ; et si on avait borné ses désirs au spectacle si
beau et si consolant de ce qui se passait dans la mansarde, on ne s'en contenta plus désormais. Quand on
se donne à Dieu, il faut se donner tout entier : le sacrifice a des saveurs auxquelles les âmes qui les ont une
fois goûtées ne peuvent plus se soustraire ; elles veulent aller jusqu'au bout, faisant ce qui dépend d'elles et
laissant aux autres le soin de concourir, si bon leur semble, aux œuvres que Dieu leur a une fois indiquées.

Dans les conseils de la mansarde on résolut donc de
s'agrandir et de faire profiter un plus grand nombre de
vieillards des bienfaits qu'on voulait leur apporter.
Quand nous parlons de conseils, il est juste de s'expliquer. Peu de délibérations avaient lieu dans la mansarde. Le père recommandait à ses filles de prier, priait
lui-même, et, lorsqu'il croyait avoir reconnu la volonté
de Dieu, il l'indiquait à ses enfants en leur laissant le
mérite de l'obéissance : l'obéissance, cette vertu d'un
prix merveilleux, d'un ressort incalculable, qui reluit
dans toutes les grandes œuvres de l'Eglise, qui les soutient et les anime, les rend fortes et victorieuses! On
décida Fanchon, l'unique personne de la petite société
qui eût un peu de crédit dans la ville, à sacrifier le
petit logement auquel elle était peut-être assez attachée pour prendre à loyer un rez-de-chaussée assez
incommode, une salle basse, humide, qui avait servi
longtemps de cabaret. On pouvait y installer douze lits;
ils y furent bientôt, et bientôt tous occupés. Les quatre
servantes des pauvres, malgré le concours de leur
bonne vieille amie Fanchon, avaient fort à faire autour
de leurs pensionnaires. Il ne pouvait plus être question
pour elles de gagner leur vie et celle de leurs protégés
en travaillant, c'était assez de rendre à leurs bien-aimés
pauvres tous les services que réclamaient leur âge et
leurs infirmités. Elles pansaient les plaies, nettoyaient

les ordures, levaient et couchaient leurs vieilles, les ins-
truisant encore et les consolant; il était impossible de
pourvoir aux autres nécessités. Le bureau de bienfaisance continuait aux vieilles femmes ainsi réunies par la
charité les secours qu'il leur distribuait isolément; il leur
donnait du pain et leur prêtait du linge. Pour subvenir
au surplus des besoins (et ils ne manquaient pas), celles
des vieilles qui pouvaient marcher continuaient leur ancienne industrie et sortaient tous les jours pour men-
dier. Les Sœurs préparaient les repas et partageaient
elles-mêmes ce pain de la mendicité : de la sorte, avec
les secours imprévus et impossibles à prévoir qui arri-
vaient de temps à autre, on parvint encore à se suffire.

Ce n'était cependant pas assez de partager ce pain
mendié, Dieu exigeait un nouveau sacrifice et un dernier abaissement: la mendicité des vieilles femmes avait
l'inconvénient de les remettre constamment dans le
danger de leurs mauvaises habitudes, de les rapprocher
de l'occasion de s'enivrer, par exemple, qui était le vice
dominant de la plupart de ces malheureuses. Les Sœurs,
jalouses surtout du salut de leurs pauvres, voulurent
les éloigner de cette tentation et leur épargner aussi
l'avilissement de la mendicité, bien que la plupart y
eussent vieilli et n'en ressentissent pas l'ignominie. Le
Père proposa à ses enfants de n'être pas seulement les
servantes des pauvres, mais de devenir aussi mendian-
tes par amour pour elles et pour la gloire de Dieu. Le
sacrifice ne fut pas plus tôt indiqué qu'il fut embrassé.
Sans scrupule, sans hésitation, on se fit mendiante.
Jeanne, la première, prit un panier et sortit immédiatement; elle se présenta bravement, le cœur enflammé
de l'amour de Dieu et du prochain, dans toutes les maisons où ses pauvres étaient habituellement secourus.
Elle recueillit humblement et avec reconnaissance les
morceaux de pain et les liards qu'on voulut bien lui
donner. La Providence réservait là pour les Petites
Sœurs une ressource inépuisable. Depuis ce temps, elles
ont ramassé le pain de leurs pauvres dans cette noble et
sainte mendicité. Toutes ses compagnes ont imité
Jeanne. Elle est cependant restée la quêteuse en titre,

pour ainsi dire, de l'Institut ; elle ne se contente pas de parcourir les villes où l'œuvre est établie; elle va partout et peut-être bien, mon cher lecteur, la verrez-vous un de ces jours entrer chez vous, exposer simplement et dignement l'objet de sa démarche, les besoins de ses pauvres et parler des miséricordes du Seigneur à leur égard. Rien ne la rebute ni ne la confond ; elle voit la main de Dieu en tout, elle remercie de ce que cette main dispense, elle espère ce que cette main refuse, et ne doute pas de la générosité ni de la bonté de ceux qui ne peuvent participer à son entreprise. Ce dévouement incroyable n'attire pas seulement les bénédictions de Dieu, il conquiert les suffrages des hommes. Ceux qui proscrivent la mendicité n'ont pu s'empêcher de reconnaître la vertu de cette noble et intrépide mendiante ; on sait que l'Académie française lui a accordé un prix de vertu.

Dès les premiers jours, ce dévouement surprit et toucha ; la quête faite par les Sœurs fut plus abondante que celle des pauvres vieilles ; on ajouta quelque chose au liard ou au morceau de pain accoutumé. Des vêtements, des meubles, des provisions de toutes sortes se trouvèrent à la disposition des Sœurs; leurs pauvres en furent mieux traités.

Le linge toutefois manquait : celui du bureau de bienfaisance était déjà insuffisant, et la détresse devint extrême lorsque le bureau, pressé d'autre part, se vit dans la nécessité de retirer aux Petites Sœurs le linge dont il disposait en faveur de leurs pauvres. Dans cette anxiété, les Petites Sœurs eurent recours à leur ressource ordinaire ; elles prièrent et s'adressèrent plus particulièrement à Marie, la chargeant de venir à leur aide. Le jour de la fête de l'Assomption, on dressa un petit autel à la sainte Vierge. Un gendarme, voisin de l'asile, que le peuple appelait déjà l'asile des bonnes femmes, touché de ce qu'il voyait journellement dans cette maison bénie, se chargea d'élever et de décorer le petit autel. Les Sœurs étendirent au devant tout le pauvre linge de leurs protégées : cinq ou six mauvaises chemises composaient la richesse de la maison ; point de draps. La sainte Vierge se laissa attendrir : eh ! qui

ne l'eût pas été en présence de cette misère? L'autel
fut assez visité les jours suivants; la divine Mère toucha
les cœurs; chacun s'empressa de soulager cette détresse.
De pauvres servantes, qui n'avaient rien à donner,
ôtaient leurs bagues et les passaient au cou de l'enfant
Jésus que tenait entre ses bras la Vierge Mère, dont
une statue haute comme la main dominait l'autel.
Par cette industrie et cette miséricorde, les pauvres
se trouvèrent suffisamment pourvus de chemises, de
draps et des autres linges indispensables.

Tout succédait de la sorte; néanmoins aucune vocation n'était déterminée par le spectacle du dévouement
des premières Sœurs. Il y avait déjà plus de trois ans
que le fondateur avait parlé de son dessein à Marie-
Augustine et à Marie-Thérèse, qu'il leur avait donné
un règlement de vie et les avait placées sous le patro-
nage de Marie immaculée, de saint Joseph et de saint
Augustin. Il y avait plus de dix-huit mois que l'œuvre
du soulagement des pauvres était commencée, et personne n'était venu se joindre aux quatre fondatrices. Si de vraies sympathies avaient été éveillées, si
les aumônes venaient en assez grande abondance,
le démon n'en suscitait pas moins toutes les entraves
possibles à la sainte entreprise. L'isolement dans lequel
restaient les Sœurs n'était pas un des moindres résultats de ses artifices. Dieu lui laissait sans doute cette
puissance, afin d'éprouver la constance de ses servantes et d'affermir leur œuvre. C'est la coutume,
d'ailleurs, que toutes les entreprises de Dieu soient su-
jettes à des contradictions. Celles qu'éprouvaient les
Petites Sœurs des pauvres étaient de diverses natures.
M. le curé de Saint-Servan avait approuvé les efforts de
leur charité; on y trouvait cependant bien des choses
à redire. L'entreprise était si nouvelle, si étrange! elle
confondait tellement la sagesse humaine! Ce n'était
pas tout de nourrir les pauvres et de les abriter par des
procédés extraordinaires; n'était-ce pas une chose aussi
inconcevable d'essayer à réunir en communauté de
petites ouvrières sans instruction? Qui les formerait à
la vie et à la discipline religieuse? se demandait-on

dans Saint-Servan. Qui leur enseignerait à aimer et à pratiquer les règles spirituelles ? Avant de les réunir, n'eût-il pas été expédient de les former dans quelque communauté anciennement établie et bien connue ? Tout au moins ou aurait dû, en les mettant à l'œuvre, les placer sous la conduite d'une maîtresse des novices, habituée depuis longtemps à la vie régulière, habile à former et à reconnaître les vocations, à plier, à exercer et à rompre les volontés humaines. Tout cela était sensé et parfaitement juste ; mais l'Esprit de Dieu souffle où il veut, et le fondateur sentait dans le fond de son cœur qu'il entreprenait une œuvre nouvelle, et qu'à une œuvre nouvelle il faut des ouvriers nouveaux. Si excellents que soient les ordres religieux, ils doivent rester confinés dans l'exercice des œuvres auxquelles ils ont été destinés et en vue desquelles ils ont été créés. C'est extravaguer que leur demander des sacrifices ou leur proposer des travaux que leurs fondateurs n'avaient point prévus. La ruine des congrégations elles-mêmes pourrait se trouver au fond de ces tentatives qui les éloignent de leur règle et de leur but primitif. Le fondateur et les fondatrices de l'œuvre dont nous parlons ne cherchaient peut-être pas aussi loin ; ils suivaient l'inspiration de Dieu, et rien ne leur avait paru plus simple que d'agir comme ils avaient fait.

Cependant, à ces arguments que pouvaient suggérer la raison et la prudence, le démon, comme nous avons dit, mêlait les artifices de sa puissance. En même temps que les sympathies nécessaires à l'existence de leurs pauvres s'étaient éveillées, comme un cercle de ridicule et d'opprobre s'était fait autour des Sœurs ; elles eurent à boire toute la honte de leur mendicité. On les montrait du doigt, on les raillait et on les bafouait dans les rues de Saint-Servan ; à peine si leurs anciennes compagnes de catéchisme, d'école, d'atelier ou d'enfance osaient les approcher. Celles que leurs exemples attiraient, qui admiraient leur dévouement, et qui se sentaient portées à l'imiter, étaient instinctivement retenues par tout l'éclat et le scandale de leur entreprise. Une seule des quatre fondatrices, Marie-Augustine, avait sa famille. Elle ne

lui épargnait pas les reproches ni les réprimandes. Sa
jeune sœur, aujourd'hui supérieure de la maison de
Rennes, lui disait, quand elle la rencontrait avec son panier allant à la quête : « Va, va, ne me parle point, avec
ton panier tu me fais honte ! » La sœur Marie-Louise, aujourd'hui supérieure d'une des maisons de Paris, se sentait bien touchée et aurait voulu s'unir au zèle des Petites
Sœurs ; mais, en voyant l'abjection où elles étaient, elle
se sentait dégoûtée, et, se retournant vers Dieu, elle lui
disait intérieurement : « Non, mon Dieu, non, ce n'est pas
possible, vous n'exigez pas cela de moi ! » La sœur Félicité, qui est morte supérieure à Angers, et morte comme
on conçoit que doivent mourir les Petites Sœurs des Pauvres ; la sœur Félicité, dévorée du désir de se consacrer
à Dieu, invoquait saint Joseph, devant l'autel duquel elle
se plaçait habituellement à l'église, et dans sa naïveté
elle le priait de lui obtenir la grâce d'être religieuse :
« Mais non pas chez les Petites Sœurs, » ajoutait-elle.

La première qui, après quatre années de cette rude
épreuve d'isolement, rompit enfin cette sorte de charme,
ne savait pas, en entrant dans la maison, qu'elle dût y
rester ; elle était simplement venue, dans un moment de
presse, aider aux Sœurs. Lorsqu'elle eut goûté la paix de
ces aimables enfants, cette paix que Dieu donne à ceux
qui l'aiment et se dévouent à son service, elle se laissa
prendre à un attrait aussi fort, et demanda à être reçue
dans leur sainte compagnie. Elle ne fut pas la seule à
pénétrer de cette manière. Une autre visitait quelques-
unes de ses compagnes nouvellement admises parmi
les Petites Sœurs ; elle les trouva si gaies et si joyeuses,
qu'elle voulut partager leur bonheur et rester avec elles.
Dans une des maisons qui se fondèrent plus tard, deux
ouvrières s'offrirent un jour à raccommoder le linge :
une quêteuse était passée dans leur village et les avait
mises au courant de l'œuvre. Se trouvant sans ouvrage,
elles avaient pensé employer utilement leur temps à
visiter les hardes des Sœurs et des vieilles. Elles venaient de cinq lieues, dans le désir de faire cette petite
charité ; elles s'en acquittèrent joyeusement et partirent
au bout de quelques jours, mais non point sans pleurer

un peu, sans embrasser les Sœurs et leur promettre de revenir au plus tôt. Elles revinrent en effet ; ce n'était plus pour donner à Dieu le superflu de leur temps : elles offraient de consacrer à son service et au soulagement des pauvres toute leur vie et toutes leurs forces Elles avaient ainsi rencontré la grâce de leur vocation dans l'accomplissement d'un acte de charité : leur générosité avait trouvé dès ici-bas sa récompense, une précieuse récompense, bien plus grande et plus pure encore que leur dévouement ; car ce n'est pas une petite dignité que d'appartenir entièrement à Dieu. Les Petites Sœurs le savent bien ; cet excès d'honneur les confond et entretient en elles cette vertu d'humilité, qui est le gage de la bénédiction du Seigneur.

Comme toutes les vertus chrétiennes se tiennent et se développent les unes les autres, cette humilité et cette confiance en Dieu faisaient supporter avec patience toutes les difficultés ; les Petites Sœurs ne s'étonnaient point des ravalements que le monde leur imposait ; elles n'avaient que faire de ses encouragements : elles trouvaient dans ses rebuts des raisons de s'abandonner plus entièrement à la divine Providence. Pendant que le nombre des premiers sujets de la famille était encore si borné, on ne cessait d'accroître celui des pauvres ; et, sans hésitation ni scrupule, quand le rez-de-chaussée fut plein, on acheta (1842) une grande maison autrefois occupée par une communauté religieuse. On n'avait rien, il est vrai, pour payer. L'abbé Le Pailleur vendit sa montre en or, quelques autres effets et sa chapelle d'argent. Jeanne avait une petite somme, une autre de ses compagnes avait quelques économies; Fanchon y joignit le restant de ce qu'elle possédait ; et le tout mit à peu près à même de solder les frais de contrat : on chargea la Providence de pourvoir au surplus. Elle ne fit pas défaut : au bout d'un an, la maison (qui avait coûté vingt-deux mille francs) était entièrement payée. Nous ne pouvons entrer dans le détail des moyens que Dieu employa à cet effet : sa providence y semblait intéressée ; on la provoquait, pour ainsi dire, en ne tenant aucun compte des obstacles et en s'engageant chaque

jour davantage dans une œuvre que les hommes ne pou
vaient concevoir et dont ils désespéraient. Les Sœurs,
qui reçurent à cette époque l'humble et aimable nom de
Petites Sœurs des Pauvres, faisaient leurs vœux, pour
ainsi dire, les mains liées et les yeux fermés. Leur
pieux fondateur développa et précisa les constitutions
selon lesquelles elles devaient vivre : en les vouant à la
pauvreté, à la chasteté et à l'obéissance, il voulut les
lier encore par un admirable vœu d'hospitalité, et donner à cette vertu, qu'elles pratiquaient depuis si longtemps d'une manière si merveilleuse, le prix infini
que la bonté de Dieu veut bien accorder à tous les actes
faits pour son service, au nom d'un engagement particulier pris vis-à-vis de lui.

Le vœu d'hospitalité fut rigoureusement observé à
Saint-Servan. Au bout de dix-huit mois, la grande maison se trouva encore pleine ; cinquante vieillards y
étaient logés ; les quatre Sœurs se multipliaient au service de ces infirmes : il y avait là encore une merveille
de cette Providence qui console toujours en même temps
qu'elle éprouve. Pour nourrir tout ce monde, on n'avait
que la quête ; elle suffisait. Le bon Dieu sait bien ac-
commoder les choses dont on lui abandonne le gouvernement. Les dessertes des tables, les morceaux de pain
et les morceaux de viande abondaient entre les mains
des Sœurs. Cette Providence tout aimable et bienfai-
sante ne laissait pas cependant de faire sentir parfois
plus vivement l'heureuse dépendance dans laquelle on
restait vis-à-vis d'elle. Comme une mère qui allaite un
petit enfant se joue à irriter ses désirs en lui retirant un
instant le sein qu'elle lui rend tout aussitôt, il lui arri-
vait parfois de faire un peu attendre ses bienfaits.
D'après leur constitution et selon leur vœu d'hospitalité, les Petites Sœurs pourvoient avant tout aux
besoins de leurs vieillards. Il en est résulté qu'elles
ne prennent pour elles que le surplus des dessertes
qu'elles ont partagées à leurs hôtes. Si le repas des
bonnes gens s'est toujours trouvé suffisant et même
abondant, celui des Sœurs a été parfois un peu
exigu. Une fois entre autres, un soir d'hiver, les

vieillards étaient déjà couchés, il ne restait plus pour le souper des Sœurs que le quart d'une livre de pain ; elles se mirent à table bravement, dirent leur *Benedicite*, en remerciant Dieu de bon cœur de leur laisser ce morceau de pain, que chacune d'entre elles pensait bien n'avoir pas gagné. Aussi s'efforçaient-elles de se le renvoyer les unes aux autres, prétendant n'y avoir point droit et ne s'avouant pas qu'elles en eussent besoin. La joie d'ailleurs régnait dans la compagnie, et on s'estimait heureux dans son cœur de pouvoir faire un petit sacrifice pour Dieu. Dieu ne le méprisa pas, mais il se contenta de la bonne volonté. Pendant que le petit débat avait lieu gracieusement et joyeusement entre les Sœurs, on sonna à la porte, malgré l'heure avancée ; c'était la Providence qui envoyait du presbytère une abondante aumône de pain et de viande. On pourrait citer mille exemples de cette attention constante de Dieu à parer aux besoins qui venaient de se déclarer. L'histoire de la fondation des divers ordres religieux abonde de traits pareils ; on comprend qu'ils ont dû surtout se renouveler pour les Petites Sœurs des Pauvres, si généreusement abandonnées et confiantes à la divine Providence.

Appuyées sur elle et excitées par les soins qu'elle prenait de subvenir à toutes choses, elles continuaient de chercher à travailler le plus possible en faveur des pauvres. A mesure qu'elles se dévouaient à leur service, elles comprenaient l'importance de l'œuvre que Dieu leur avait confiée. Les âmes des malheureuses créatures qu'elles avaient recueillies ne résistaient pas en effet à leurs bienfaits. La charité qu'on exerçait à leur égard leur faisait connaître Dieu. Ces pauvres âmes, perdues dans toutes sortes de vices et d'ignorance, recommençaient à vivre et à espérer. Elles apprenaient à goûter, à aimer et à bénir Dieu, qui leur avait envoyé dans leur misère des Sœurs si dévouées et si compatissantes. On pourrait citer des traits charmants de vertu, de courage, de résignation et de piété de la part de ces pauvres créatures, qui, avant leur entrée à l'asile, étaient pour la plupart dégradées par toutes sortes de vi-

ces et de misères. En présence des résultats qui cou-
ronnaient leurs efforts, en songeant à toutes les âmes
rachetées du sang de Jésus-Christ, en danger de se
perdre et qu'une place à l'asile pouvait sauver, les Petites Sœurs sentaient leur zèle se ranimer et ne demandaient qu'à étendre leurs travaux et augmenter leur
maison. Mais quoi! nous l'avons dit, la maison était
pleine, toute pleine : les Sœurs, pour abriter plus de
pauvres, avaient eu beau se loger au grenier ; il n'y
avait plus de place. Il y avait cependant encore des pauvres dans la ville et ses environs. On avait du terrain
et une pièce de dix sous dans la caisse. On songea à
bâtir. On mit cette pauvre pièce de cinquante centimes
sous les pieds de la statue de la sainte Vierge, et on
commença hardiment. On était habitué déjà aux merveilles de la Providence, et les faibles mains des Petites
Sœurs, accoutumées autrefois à la lingerie et à la couture, n'hésitèrent pas à commencer les travaux des bâtiments. Elles savaient bien que c'est le Seigneur qui
édifie, et non pas la force des ouvriers. Elles déblayèrent
le terrain, creusèrent les fondations et s'évertuaient à
recueillir les matériaux. Encore une fois, Dieu n'en
demandait pas davantage : il répondit à cette audace
qui ne reculait devant rien. Les ouvriers de Saint-Servan
s'émurent en voyant le dévouement des Sœurs. Ils offrirent d'aider à ces travaux bénis. Les charrois furent
faits gratuitement; les aumônes d'argent abondèrent.

Un habitant de Jersey, qui avait une parente à Saint-
Servan, ayant appris qu'elle était dans la misère, vint
pour connaître ses besoins, dans l'intention de lui venir en aide. Il la trouva à la maison d'asile, mais si bien
soignée et si heureuse, qu'il se retira pénétré de reconnaissance. Depuis ce temps, il envoyait ses aumônes à
l'abbé Lepailleur, et en mourant il lui laissa un legs
de sept mille francs, qui vint fort à propos pour aider
au bâtiment. Le prix de vertu que l'Académie décerna
à Jeanne Jugan (trois mille fr.) arriva aussi fort heu-
reusement pour les travaux. Ils n'étaient pas terminés
que le nombre des Sœurs commença de s'accroître. Dieu
récompensait enfin la constance des fondateurs. Leur

2

audace était allée jusqu'à songer à établir de nouvelles maisons : les quatre Sœurs ne subvenaient que par un miracle constamment renouvelé à toutes les charges de celle de Saint-Servan ; elles étaient déterminées cependant à ne pas laisser cette petite ville jouir toute seule du bénéfice de leur entreprise. Elles ne considéraient pas leur faiblesse, elles ne songeaient qu'au bien à faire. Aussitôt que leur nombre fut accru, Marie-Augustine partit pour Rennes. Aucune ressource n'était préparée ; elle allait tenter une seconde fois les merveilles qui s'étaient déjà opérées devant elle. Son premier soin fut non pas de recueillir de l'argent, mais de chercher des pauvres. On s'installa d'abord provisoirement dans un pauvre local d'un faubourg rempli de cabarets et de guinguettes. On trouva là comme partout de vives sympathies et un peu d'aide. C'est un des caractères de l'œuvre des Petites Sœurs de recevoir toutes sortes d'aumônes : les plus humbles leur sont aussi précieuses et souvent plus douces que les riches. Elles comptaient cependant assez sur ces dernières pour ne pas hésiter à acheter une maison à Rennes. Lorsqu'elles quittèrent le quartier où elles s'étaient logées provisoirement, les soldats qui fréquentaient les cabarets dont nous avons parlé aidèrent à transporter les vieilles femmes déjà recueillies. Pour soutenir cette nouvelle fondation, la bonne mère Marie-Augustine, que nous pouvons déjà appeler la Supérieure générale, laissa quatre Petites Sœurs qu'elle avait fait venir de Saint-Servan. En les quittant, elle emmena de Rennes deux postulantes. Elle trouva encore la famille augmentée. On comprit ce que cela voulait dire : il y avait là, en effet, comme une sorte de dialogue entre les Petites Sœurs et la divine Providence. Aussi fut-on tout disposé à accueillir les propositions de Dinan.

C'est une petite ville du diocèse de Saint-Brieuc. Le maire crut faire acte de bonne administration en dotant la commune d'un hospice de vieillards, sans grever la caisse municipale. On voit qu'il s'agit ici d'une ville de Bretagne, d'un pays où le progrès et les lumières ont tant de peine à pénétrer : au temps de la dernière mo-

— 19 —

narchie, on n'aurait pas eu partout des pensées de cette nature. Avec l'agrément des deux curés de la ville et l'approbation de Mgr l'évêque de Saint-Brieuc, les Petites Sœurs arrivèrent à Dinan. Là, comme à Rennes, leur premier soin fut de chercher à soulager les pauvres vieillards., et elles s'installèrent provisoirement dans un local qui avait autrefois servi de prison : il était humide et infect; les égouts de la ville passaient au-dessous et y répandaient des miasmes qu'on avait trouvés insupportables et dangereux pour les prisonniers. Les Sœurs ne s'effrayèrent point ; la chambre la plus saine fut destinée aux vieilles gens; les Sœurs s'accommodèrent du reste. C'est une de leurs coutumes de laisser toujours la bonne part à leurs hôtes. La charité et le vœu d'hospitalité l'exigent ainsi. Cette ancienne prison présentait aussi une particularité : les portes se fermaient toutes à l'extérieur, et il était impossible de s'y clore. Les Petites Sœurs dormirent ainsi plusieurs mois sous la sauvegarde de la bonne foi publique. Il est bien vrai qu'il n'y avait rien dans leur mobilier qui pût exciter la convoitise. On devine ce que peuvent être en effet ces mobiliers, entièrement fournis par la charité. Ce ne fut qu'au bout de plusieurs mois qu'elles trouvèrent une maison convenable pour loger et abriter leurs vieillards : elles trouvèrent aussi bientôt toutes les ressources nécessaires à leur entretien.

On voit combien leur entreprise a eu de peine à s'établir et à se développer. On touchait cependant au moment où l'œuvre allait prendre une rapide et admirable extension; mais rien ne pouvait le faire prévoir. On s'était contenté de vivre au jour le jour : en répondant aux grâces de la divine Providence, et aussi en la violentant un peu, selon les préceptes de l'Ecriture, on se trouvait, à la fin de l'année 1846, avoir créé trois maisons se suffisant toutes trois et employant quinze ou seize Sœurs. On songeait à une quatrième fondation; cette fois il s'agissait de sortir du petit rayon où on s'était maintenu jusqu'alors et d'aller s'établir à près de quatre-vingts lieues de Saint-Servan.

Les villes des bords de la mer sont visitées tous les

ans par un certain nombre d'étrangers qui recherchent le bénéfice des bains ou celui de coûteuses distractions. On dit que les derniers n'abondent pas à Saint-Servan; du moins il s'y rencontre des curieux jaloux de connaître les particularités de leur séjour d'été, et il s'en trouve parfois de tels, que l'œuvre des Petites Sœurs les peut intéresser vivement. Parmi eux se rencontra en 1846 une âme, comme il y en a encore quelques-unes en France, dévouée dans l'ombre à toutes sortes de bien et prête à l'embrasser sous toutes les formes. L'humilité, la piété des Petites Sœurs, les grands résultats qu'elles obtenaient auprès de leurs pauvres, tous joyeux, tous pieux, en admirant les miséricordes divines qui leur avaient réservé une si grande grâce pour leurs derniers jours, ravirent et touchèrent l'âme dévote dont je parle. En songeant au bien qui était fait, elle songeait à tout celui qui restait à faire, tant de pauvres à soulager, tant de cœurs à convertir, tant d'âmes à élever à Dieu. Si les Petites Sœurs ne pouvaient immédiatement se répandre partout, du moins chacun devait-il faire tous ses efforts pour les attirer auprès de lui, pour faire jouir ses pauvres de leur dévouement et sa ville entière du bénéfice de leurs prières. Que peut-on cependant quand on n'est qu'une simple fille sans crédit et sans autre ressource que sa bonne volonté? Tout, pourvu qu'on soit armé d'une constance inébranlable, qu'on laisse à Dieu la gloire de toutes choses et qu'on sache bien que c'est lui seul qui opère. Malgré la distance, les Petites Sœurs ne repoussèrent point les ouvertures qui leur furent faites de venir à Tours; elles ne demandèrent pas autre chose que ce qu'elles avaient demandé à Rennes et à Dinan : un petit abri pour se loger en arrivant et la liberté d'agir.

Un bon chrétien se trouva bientôt qui s'estima fort honoré de loger quelques jours ces grandes servantes des pauvres. Je ne sais comment fut payé leur voyage; mais en arrivant à Tours, dans les premiers jours du mois de janvier 1847, il leur restait quelques centimes. Elles prirent d'abord une petite maison où elles purent recueillir une douzaine de pauvres, puis une plus grande ; enfin, au mois de février 1848, elles firent, au prix de quatre-vingt mille francs, acquisition d'un vaste local, avec jardin et chapelle capable de contenir cent à cent cinquante personnes. Comment tout cela fut-il payé? comment tout ce monde est-il nourri chaque jour? C'est toujours la même merveille. Les restes recueillis tous les jours et les diverses aumônes suffisent à tout. Ce que d'autres repousseraient avec mépris se transforme, il est vrai, entre les mains des Petites Sœurs et devient une ressource considérable. Aujourd'hui, dans toutes leurs maisons (nous les compterons plus tard), le marc du café, ce résidu dont on a extrait le suc, devient l'élément d'un repas qui est une bien grande douceur pour les pauvres vieillards. Aucun café ne se refuse à donner ce marc, où la Providence a soin de conserver, en faveur des hôtes des Petites Sœurs, un peu d'essence et d'arôme. A ce qu'on peut en extraire on joint un peu de lait ; et des croûtes de pain recueillies de toutes parts, dans les maisons les plus diverses, les pensionnats, les colléges et les casernes, complètent le déjeuner. Cent, deux cents, jusqu'à trois cents vieillards, dans une seule ville, trouvent ainsi tous les jours un repas friand avec ces deux ressources misérables. Après le déjeuner il restera encore des croûtes pour servir au dîner : car c'est là un des plus abondants revenus des Petites Sœurs.

La fondation de Tours est restée au nombre des plus pénibles qui aient été entreprises. A cause du petit nombre de Sœurs qui étaient encore dans l'Institut, et de l'éloignement où celles de Tours se trouvaient, les trois Sœurs, arrivées au mois de janvier 1847, restèrent toutes seules près de cinq mois : elles avaient néanmoins recueilli seize ou dix-huit bonnes femmes. Il fallait nourrir tout ce monde, lever et habiller les infirmes, instruire et éclairer les âmes, tenir tous les esprits en gaîté (car c'est encore là un des soins des Petites Sœurs), et par conséquent se multiplier au-delà des forces humaines. Aussi, des trois Sœurs qui vinrent à cette fondation, la Sœur Félicité mourut deux ans après des suites des fatigues qu'elle avait éprouvées, et la

mère Marie-Louise, cette supérieure du faubourg
Saint-Jacques, connue aujourd'hui de tout Paris, que
Lyon et ensuite Marseille apprendront bientôt à
connaître et à aimer, la mère Marie-Louise ne s'est
non plus jamais remise : elle traine une santé
ruinée, qui ne l'empêche pas de servir activement
Dieu et les pauvres. La fatigue, il est vrai, ne troublait
pas la joie. On partait dès le matin en portant au bras
les deux grands seaux de fer-blanc divisés en compar-
timents, dans lesquels on mettait les morceaux de
viande, les bouillons, les légumes et tous les divers
débris qu'on recevait à la quête. A la maison, on tra-
vaillait avec l'activité que nécessitait, on peut le comprendre, le service de ce grand nombre de vieilles.
Leur réunion présentait l'assemblage de toutes les misères imaginables. Mais, du sein de cette pauvreté à
fendre l'âme, de ces infirmités repoussantes, de ces
dégoûts que peut soulever la vieillesse, sortait comme
un rayonnement de dignité, de bonheur et de conten-
tement. Les âmes étaient heureuses, elles voyaient et
elles goûtaient Dieu. Les Sœurs l'honoraient dans leurs
pauvres ; les pauvres l'aimaient et le chérissaient dans
leurs Sœurs ; et rien n'était suave et touchant comme
l'épanouissement de tous ces pauvres cœurs heureux,
reposés, consolés, pleins d'espoir et de reconnaissance.
Les Sœurs n'étaient pas les moins vives à ce dernier
sentiment. Elles touchaient, pour ainsi dire, chaque
jour les miséricordes et les bontés de Dieu. A mesure
que les nécessités apparaissaient, la Providence s'em-
pressait toujours d'y satisfaire : nous parlons des nécessités urgentes et indispensables : car, pour l'agréable
et le superflu, on n'y songeait pas. On était heureux
d'ailleurs des privations qu'on pouvait s'imposer pour
Dieu. C'est une joie pour les Petites Sœurs d'aller,
comme elles disent, *en fondation*, parce qu'alors on a
le bonheur parfois de manquer de tout et de souffrir
quelque chose pour Dieu. On ne regrette pas, en pareille
aventure, les fatigues et les souffrances. Cette bonne
mère Marie-Louise, dont nous parlions tout à l'heure,
ne plaint pas sa santé ruinée à cette épreuve. Les

autres, réduites au même état ou encore moins vail-
lantes, n'y songent pas davantage. La Mère générale ne
s'alarme pas des désordres de sa chétive santé, qui ont
mis plus d'une fois sa vie en danger et épouvanté toutes
les filles : sa première compagne, aujourd'hui sa première assistante, la mère Marie-Thérèse, incapable
désormais de faire autre chose que de souffrir et prier,
— elle a à peine trente ans, — la mère Marie-Thérèse [1]
ne se trouve pas non plus à plaindre ; elle accomplit la
volonté de Dieu et se résigne doucement ; elle a soigné
les vieillards, elle se laisse soigner à son tour ; qu'au-
rait-elle à regretter, en effet ? La chère Sœur Félicité,
dans le séjour bienheureux où elle sourit à ses compagnes et à leurs pauvres, a-t-elle à regretter sa vie épuisée
a ces nobles travaux ? Et toutes les Petites Sœurs ne
courent-elles pas au même but ? C'est ce but auquel
elles aspirent, cette fin suprême, qu'elles aiment avant
de l'avoir goûtée, qui soutient leur zèle et leur dévouement, les rend capables de tout souffrir, de sacrifier
leurs goûts, leur jeunesse, leur santé et leur vie, de les
sacrifier en pure perte aux yeux du monde, si c'est la
volonté de Dieu. Leurs soins réussissent auprès des
pauvres ; elles ont la consolation de les voir ouvrir leurs
âmes à la vérité et mourir véritablement entre les mains
de Dieu. Mais il ne faut pas croire que, pour obtenir
cette grâce, elles n'aient qu'à prier, se dépenser auprès
des vieillards, surmonter les dégoûts de la nature autour de leurs infirmités, et souffrir toutes les privations
que comporte la pauvreté de l'Institut. Elles ont encore
bien des rebuts à essuyer : il est doux et consolant de
voir tous ces pécheurs ramenés à Dieu ; mais il ne faut
pas oublier à quel prix ce résultat est obtenu. Les
pauvres hôtes des Petites Sœurs ne sont pas étrangers
aux lumières de la civilisation et aux gloires du progrès.
Ces lumières et ces gloires sont pour quelque chose
dans l'état de dégradation où ils sont tombés : toutes
ces belles choses ont servi à ôter aux âmes le dernier

[1] La mère Marie-Thérèse est morte à Rennes, le 12 août 1853, première assistante de la Congrégation.

frein qui pouvait les retenir et les empêcher de s'assi-
miler aux brutes. Ce qu'il y a de plus affligeant et de
plus dégoûtant dans ces pauvres vieilles créatures, ce
n'est pas la vermine et la crasse de leurs corps, ce sont
bien plutôt les ignorances et les turpitudes de leurs
âmes. Quand nous parlons des ignorances, il faut bien
s'entendre. Il y a de tout chez les Petites Sœurs. Voici
un esprit fort et un esprit romanesque ; celui-ci a lu
toute la série des philosophes du dix-huitième siècle,
et il rit des superstitions de la Sœur qui le soigne. L'autre est au courant de toutes les élucubrations des ro-
manciers modernes, et il aspire vers le Messie et la
religion de l'avenir. Ce troisième, qui n'est pas le moins
aimable, connaît les poètes ; il n'ouvre la bouche que
pour citer Racine, La Fontaine, ou même Horace et
Virgile. Il est un peu fou, beau parleur, bel esprit, et
a autant de connaissance de Dieu que le moineau du
toit. Un autre, moins cultivé, est un adorateur du so-
leil : on sait combien ils sont nombreux, surtout aux
environs de Paris. C'est cet astre, disent-ils, qui fait
germer le blé et mûrir la vigne ; tout rit quand il se
montre, tout souffre ou meurt quand il disparaît ; il est
la source de la chaleur, de la vie et de tout bien, et il
n'y a pas d'autre Dieu. Ce Dieu est commode, d'ailleurs,
et ne réclame pas un culte fatigant ; il permet aux hommes de se livrer à leurs passions, à leurs plaisirs et à
toutes les turpitudes. Qui peut nier que la civilisation
et le progrès ne soient pour quelque chose dans ces
abrutissements ? Les Petites Sœurs ont fort à faire pour
élever ces pauvres êtres à la dignité de créatures rai-
sonnables, capables de connaître, d'aimer et de servir
Dieu. Plus d'une fois elles seraient tentées de déses-
pérer ; plus d'une fois, en donnant leurs avis, en répri-
mant les vices, l'ivrognerie surtout, qui est celui
qu'elles ont le plus souvent à combattre, elles ont été
maltraitées et même battues. C'est encore là pour elles
une occasion de bonheur : pour ces êtres voués à Dieu,
toutes choses sont au rebours des pensées humaines.
Elles sont habituées à tout voir et à tout juger au point
de vue de la foi, à n'écouter en rien les instincts de la

nature déchue : de quelque part que viennent la souf-
france et l'abjection, elles sont une joie et un bénéfice.
J'ignore, par exemple, si dans leur soumission il n'entre
pas un peu de calcul : il est certain, et elles en font
l'expérience tous les jours, il est certain qu'il n'y a pas
un sacrifice de leur part qui ne soit récompensé avant
d'être accompli.

A Tours, au milieu des peines de cette fatigante fondation, les Sœurs pendant un instant n'avaient que
deux paillasses pour se coucher toutes trois. Par une
conséquence de leur vœu d'hospitalité, quand un pauvre se présente dans une des maisons et qu'il n'y a pas
de lit, une Sœur donne le sien et s'accommode ensuite
comme elle peut. Le lit des Sœurs, d'ailleurs, ne fait
pas grande envie aux plus pauvres; il se compose en
tout temps d'une simple paillasse : l'esprit de pauvreté
et de mortification le veut ainsi. A Tours donc, nous
disions que les trois Sœurs, ayant déjà recueilli sept
bonnes femmes, n'avaient plus que deux paillasses : on
les approchait l'une de l'autre le soir, et c'était le lit des
Sœurs. Outre ces paillasses, ce lit commun se composait
encore d'un drap : un seul. Une huitième bonne femme
arrive; elle a son lit, mais elle manque de draps. La
Supérieure dit à ses deux filles : Mes enfants, nous
allons couper notre drap en deux pour cette pauvre
femme que le bon Dieu nous envoie; nous coucherons
comme nous pourrons. Aussitôt dit, aussitôt fait : deux
Sœurs étendent le drap; la troisième prend les ciseaux
et va le partager, lorsqu'on entend frapper à la porte;
une des Sœurs va ouvrir. Un jeune homme se présente;
il lui remet six paires de draps. Lorsque la Sœur les
apporta à ses compagnes, elles se mirent toutes trois à
genoux en pleurant pour remercier Dieu. Voilà des traits
de la Providence et de la douceur de Dieu, comme on en
pourrait citer mille arrivés dans chacune des maisons.

Quelquefois aussi les merveilles prennent un autre
caractère, devant lequel les Sœurs se taisent en admiration. On leur avait donné, dès les commencements
de leur fondation de Tours, une pauvre petite marmite
en fonte, tout au plus assez grande pour faire la soupe

3

des Sœurs et des huit ou dix premières bonnes femmes. La maison s'accroissait sans que la marmite augmentât de capacité ; elle suffisait cependant toujours. Quinze, vingt et jusqu'à trente pauvres trouvèrent pendant plusieurs semaines toute la soupe nécessaire dans cette pauvre petite marmite. Je ne vois pas pourquoi on se récrierait sur ce fait ; tous ceux que nous avons racontés depuis le commencement de ce récit sont de la même nature : est-il plus difficile de faire abonder la soupe dans la marmite des pauvres que de multiplier entre les mains des Sœurs toutes les autres ressources qui leur sont nécessaires ?

C'est de Tours, du milieu des merveilles dont nous parlons, que l'œuvre des Petites Sœurs devait prendre son extension. Dieu a permis à l'*Univers* d'y contribuer en quelque chose. A l'occasion de la discussion de l'Assemblée nationale sur le droit à l'assistance énoncé dans le préambule de la Constitution de 1848, l'*Univers* fut saisi de quelques scrupules : il raconta ce qu'il avait vu à Tours, et ce qui se passait à Saint-Servan, à Rennes et à Dinan. Il n'influença pas les décisions de l'Assemblée, c'eût été trop d'honneur ; mais une douzaine de postulantes se présentèrent chez les Petites Sœurs des diverses parties de la France. Elles étaient, comme les Sœurs de Bretagne et de Touraine, pour la plupart de pauvres ouvrières ou de simples servantes sans dot et désireuses d'aimer Dieu. La famille s'étant accrue, on se sentit prêt à tenter de nouvelles aventures. On songeait à faire une fondation à Paris. Des membres des Conférences de St-Vincent de Paul avaient embrassé chaudement cette pensée : nous aurons occasion de remarquer que ce ne fut pas la seule fois où les Conférences s'intéressèrent ainsi aux Petites Sœurs.

Vers le printemps de 1849, la Mère générale et la mère Marie-Louise arrivèrent à Paris. Une œuvre de charité aussi pauvre et ayant le même but que le leur, un asile pour les vieillards, la maison de Nazareth, leur donna l'hospitalité. Les deux Bretonnes n'étaient ni étonnées ni effrayées de leur tâche. Elles ne connaissaient point Paris et n'avaient encore aucune idée d'une ville aussi grande. Armées d'un plan, elles parcouraient les rues, cherchant une maison à leur guise. Elles eurent de la peine à découvrir ce qu'il leur fallait : une maison vaste, aérée, dans un quartier où on pût espérer quelques ressources, et d'un prix modéré. On leur en signala une ; elles furent à la veille de conclure. Mais des difficultés surgirent, des délais et des remises se succédèrent. Cependant, il fallait vivre. De bonnes religieuses de la Visitation, fidèles à l'esprit de saint François de Sales, envoyaient de leur couvent quelques provisions aux deux fondatrices. D'autres âmes charitables, jalouses de contribuer à la nouvelle entreprise, n'épargnaient pas leurs aumônes. Toutefois, Dieu permit que les Petites Sœurs retrouvassent à Paris toutes les abjections de la mendicité qu'elles avaient éprouvées à Saint-Servan. Elles furent souvent obligées d'aller aux fourneaux desservis par les Filles de la Charité chercher la portion de soupe et de légumes qu'on y distribue aux mendiants en échange de bons dont la valeur est d'un ou deux sous.

Il ne faut pas estimer la vertu des hommes au prix de leurs repas : cependant la plupart de ceux qui vont chercher à ces fourneaux les haricots et les pommes de terre qui doivent composer leur dîner, ne sont pas la fine fleur de la société. Il s'y rencontre des pauvres respectables : après avoir reçu leur portion, ils s'empressent de l'emporter chez eux et de la partager en famille. Les autres consomment leur pitance sur la place, s'attablant dans la cour et dans la rue ; ce sont pour la plupart de malheureux vieillards ou de tristes enfants vagabonds et dépravés, sans domicile, sans famille, paresseux, ivrognes, livrés à tous les vices et à toutes les industries. En 1849, cette population avait un caractère particulier. La misère était grande alors à Paris, le travail chétif et les passions fortement émues. A l'heure des repas, on voyait se rassembler autour des fourneaux de charité des hommes dans la force de l'âge, vêtus d'incomparables guenilles, conservant encore au milieu de leur saleté les restes d'une certaine élégance, dénotant des gens habitués naguère à gagner beaucoup et à dépenser dans le désordre et l'insouciance tout ce qu'ils gagnaient. Les visages avaient souvent une expression de cynique impudence ; le tout formait une compagnie peu agréable. Les Petites Sœurs, inconnues et perdues au milieu de ce monde étrange, insolent et dégoûtant, attendaient leur tour avec les autres, passaient leur écuelle au guichet, et emportaient ensuite, moyennant un sou ou deux, le dîner de la communauté entière.

Les semaines et les mois se succédaient de la sorte. Malgré les dégoûts de cette vie misérable et les ennuis de cette longue attente, dont le terme toujours entrevu s'éloignait toujours, nos Petites Sœurs ne regrettaient que l'éloignement de leurs compagnes, la privation de leurs chers exercices de Communauté, et, par-dessus tout, la séparation de leurs pauvres. Elles persévéraient dans leur volonté de s'implanter à Paris ; elles acceptaient les traverses, les humiliations, les oublis pour ainsi dire, de la Providence, qui ne suscitait pas une circonstance propice à les tirer des lentes difficultés où elles étaient entrées ; elles offraient tout à Dieu au profit de la maison qu'elles voulaient établir.

La Mère générale, appelée ailleurs cependant pour les besoins de la congrégation, laissa à la mère Marie-Louise le soin de poursuivre la conclusion d'une affaire qui paraissait sans issue. Sur ces entrefaites, le choléra vint à sévir : pour passer le temps et l'employer au moins à quelque chose, la mère Marie-Louise se mit à soigner les cholériques. Elle fut atteinte du fléau, et sa santé déjà si délabrée en fut toute ruinée. Au bout de cinq mois d'attente et de misères, elle trouva enfin, rue Saint-Jacques [1], la maison dont elle est aujourd'hui supérieure, et dont le local, successivement agrandi, contient cent cinquante pauvres.

Pendant qu'on avait tant de peine à s'établir à Paris, une autre fondation se faisait à Nantes. L'abbé Le Pailleur y avait été appelé par les membres des Conférences de Saint-Vincent de Paul. On tomba bientôt d'accord : les Conférences promirent leur concours ; le

[1] Rue Saint-Jacques, n° 277.

bon Père laissa à ses Filles, ou plutôt à la divine Providence, le soin de fournir à toutes les charges de l'établissement. Il était difficile de contester de pareilles conditions. Mais, avant de rien entreprendre, le *bon Père* demandait l'autorisation des vicaires capitulaires. Le siège de Nantes était alors vacant, et les Petites Sœurs ne s'établissent nulle part sans avoir l'approbation de l'Évêque du diocèse et l'assentiment du curé de la paroisse. La réponse des vicaires capitulaires se fit un peu attendre; M. Le Pailleur fut forcé de quitter Nantes.

Il y laissa la mère Marie-Thérèse, première assistante de la Supérieure générale, avec une de ses compagnes. Il lui remit vingt francs en lui disant : « Mon enfant, que Dieu vous bénisse ! Ouvrez une maison, je reviendrai dans trois mois; je veux trouver autour de vous beaucoup de vieillards et une petite chambre pour me loger. » Avec cette petite somme et ce petit avis, la mère Marie-Thérèse prit la bénédiction du *bon Père*. La réponse des vicaires capitulaires se fit attendre vingt jours; la pauvre Sœur était à bout de ses ressources ; elle n'avait plus que quatre francs. Elle avait déjà visité une maison; elle s'empressa de la louer et de s'y installer tout aussitôt. Le propriétaire, en la voyant arriver, lui demanda où était son mobilier. Elle n'avait rien qu'un peu de paille qu'elle venait d'acheter, et qui devait lui servir de lit à elle et à sa compagne. Ce propriétaire était un chrétien, sans doute ; il eut confiance en Dieu et ne s'inquiéta pas du prix de sa location. Les bonnes Sœurs s'empressèrent d'aller chercher des pauvres.... Au bout de trois mois, l'abbé Le Pailleur revient ; il trouve une maison bien montée et fournie de tout ce qui est nécessaire. La sympathie de la ville lui est acquise : quarante vieillards l'habitent. Le *bon Père* leur prêche une petite retraite : un grand nombre d'entre eux reviennent à Dieu, tout marche enfin, et le Père lui-même n'a pas été oublié; il y a dans la maison une petite chambre à son usage. Tant la Providence paraît s'appliquer à satisfaire les moindres désirs de ses enfants.

Dans la plupart des villes, les Petites Sœurs ont coutume d'aller quêter au marché. A Nantes, dès les premiers jours, une Sœur se présenta sur le marché aux légumes, demandant pour l'amour de Dieu aux marchandes de lui donner quelque chose pour les pauvres bonnes femmes. — De tout mon cœur, répondit la première à laquelle elle s'adressa, de tout mon cœur, car ce que vous faites est trop beau. — Oui certes, ma Sœur, répondit la seconde ; car, quand je serai vieille, j'aurai besoin de votre maison. Et autres semblables discours. On remplit trois sacs de leurs dons ; la Sœur se confondait en remercîments. Elle prit un sac pour le placer sur ses épaules ; on le lui enleva tout aussitôt : Vous ne porterez pas cela, lui dirent les marchandes, et, se cotisant entre elles, elles firent porter à l'asile toute la petite provision. Quand la Sœur les quitta, elles lui dirent : Vous reviendrez tous les mercredis et tous les samedis ; priez pour nous !

La même année, outre ces maisons de Paris et de Nantes, on en fonda une troisième à l'extrémité de la France, à Besançon. On n'y rencontra aucun retard ni aucune difficulté. Une charité généreuse avait tout préparé à l'avance : lorsqu'on arriva, on trouva une maison bien meublée et accommodée de toutes choses. Il n'y avait plus qu'à recevoir les pauvres. Aussi, les Sœurs qui étaient allées à Besançon sous la conduite de la mère Pauline, seconde assistante de la Congrégation, trouvaient que les douceurs accoutumées des fondations leur avaient été retirées pour être départies aux deux mères Marie-Louise et Marie-Thérèse. L'approbation de Mgr l'Archevêque de Besançon avait été donnée tout d'abord. Dès leur première visite, le bon Prélat vida sa bourse entre les mains des Petites Sœurs. La vérité nous oblige de dire que cette bourse contenait quatre pièces de cinq sous ; c'était là tout ce que possédait l'Archevêque. Il plaça cette menue monnaie devant la statue de la sainte Vierge et s'agenouilla avec les Petites Sœurs pour adresser une petite prière à cette Consolatrice des affligés. Il recommanda ensuite aux Sœurs de venir deux fois par semaine chercher les dessertes de sa table frugale.

En 1850, de nouveaux établissements furent fondés à Angers, à Bordeaux, à Nancy et à Rouen. Nous n'entrerons pas dans le détail de ces diverses fondations. C'est toujours la même histoire. A Angers, les Sœurs s'établissent dans une ancienne chapelle que M. le curé de la Trinité, M. l'abbé Maupoint, aujourd'hui grand vicaire de Rennes[1], avait mise à leur disposition. Il n'y avait aucune dépendance : une petite cloison en papier séparait le logement des bonnes femmes du dortoir des Sœurs. Quand une vieille venait a mourir, pour ôter à ses compagnes le spectacle de son cadavre, on le transportait de l'autre côté de la petite cloison, dans l'appartement des Sœurs, qui ensevelissaient ce pauvre corps et le veillaient pendant la nuit. Dans cette chapelle, derrière cette cloison de papier, est morte la bonne Sœur Félicité, dont nous avons déjà parlé plusieurs fois. Elle est morte au milieu de ses pauvres, comme un soldat sur le champ de bataille. Il est inutile de dire quelle vénération la ville d'Angers conserve à sa mémoire. Nous avons connu cette héroïque fille à cette fondation de Tours, où elle donna sa vie. Sa modestie et son humilité égalaient son ardeur. Nous ne saurions parler convenablement de ses vertus ; du moins sommes-nous assurés qu'on ne saurait en avoir une trop chère estime. Dès les commencements de l'Institut, les Petites Sœurs avaient coutume de prier et de réciter tous les jours avec leurs pauvres un *Pater* et un *Ave* pour celle d'entre elles qui mourrait la première : c'est la mère Félicité qui a emporté tous ces fervents suffrages ; elle est la seule d'ailleurs qui ait déjà quitté le travail et ait reçu sa récompense. Son nom la prédestinait à cette joie.

Les aumônes du riche, comme on peut croire, ont puissamment aidé à toutes ces fondations, dont nous regrettons de ne pouvoir raconter l'histoire en détail ; mais le caractère particulier de l'œuvre des Petites Sœurs est la sympathie populaire. Le denier du pauvre abonde entre leurs mains sous les formes les plus diverses et les plus touchantes. Ce que nous disions tout-

[1] Maintenant évêque de Saint-Denis.

à-l'heure des marchandes de légumes de Nantes s'est
renouvelé à peu près partout. A Bordeaux, les bou-
chers et les autres marchands de comestibles se sont
montrés d'une générosité inouïe. A Saint-Servan, les
ouvriers ne se sont pas contentés d'aider, comme nous
avons dit, aux travaux des bâtiments. Ce petit port
renferme plusieurs chantiers d'armateurs; un, entre
autres, occupe près de cinq cents hommes. Pour participer à l'œuvre des Petites Sœurs, ils se sont imposé
une rétribution personnelle d'un sou par semaine, et
chaque dimanche on porte la somme à l'asile des vieillards. Ailleurs, ce sont des soldats qui épargnent quelques gamelles de leur soupe et vont les vider dans les
seaux de la quêteuse. Ils s'arrangent encore de manière
à épargner du pain pour en faire aumône aux pauvres
vieillards. Ce caractère de sympathie populaire s'est
surtout manifesté aux deux fondations de Bordeaux et
de Rouen, et il y a pris un accent qui est presque devenu de l'enthousiasme.

Un père jésuite, dévoué comme ceux de cette Compagnie à tout ce qui peut procurer le soulagement du
prochain et le bien des âmes, désirait ardemment faire
venir les Petites Sœurs dans cette dernière ville. Il
avait eu l'occasion de visiter un de leurs établissements
et d'apprécier l'esprit de l'Institut. Il lui semblait que
ces saintes Filles étaient spécialement destinées à rendre
de grands services à Rouen, à cause de la misère qui y
est grande, et surtout à cause de la prédication de
l'exemple, qui est partout si efficace. Pendant qu'il
ruminait ce désir dans sa tête et surtout dans son cœur,
deux Petites Sœurs arrivent à Rouen : elles ne croyaient
pas venir fonder une maison, mais simplement faire
une quête. Elles étaient adressées au secrétaire de l'ar-
chevêché et à des membres des Conférences de Saint-
Vincent de Paul; elles demandaient qu'on les aidât à
obtenir l'autorisation de quêter. On leur promet de s'y
employer, à condition qu'elles ne quitteront pas Rouen
et essaieront d'y former un asile. On se réunit, on se
concerte, et on peut bientôt écrire à la Supérieure
générale qu'on a trouvé une maison propre à com-

mencer l'entreprise. On ne pouvait répondre du succès; on voulait au moins faire une tentative; mais il était prudent de la faire dans des proportions modérées et assez restreintes. C'est une grande opération que de créer dans une ville un nouvel établissement de charité; et les bases sur lesquelles s'appuient les Petites Sœurs paraissent toujours si fragiles qu'avant de les avoir essayées, on ne peut croire qu'elles puissent suffire à porter quelque chose.

La bonne Mère se rendit à Rouen et visita la maison, qui aurait pu contenir quarante vieillards. Elle vit aussi un grand bâtiment, qu'on ne lui proposait pas, capable de loger deux cents personnes, et déclara tout d'abord qu'à son avis la petite maison était tout à fait insuffisante, et que, dans une ville comme Rouen, le grand bâtiment ne devait pas être trop vaste. On eut beau la raisonner, la taxer d'imprudence, et l'engager à ne pas charger d'un loyer de plus de quatre mille francs une œuvre à laquelle on ne savait encore comment répondrait la sympathie publique; la bonne Mère laissa dire, et maintint son avis. Elle avait l'expérience; elle savait comment les choses se passaient, et croyait qu'après tant de témoignages de la bonté de Dieu, si la prudence était encore nécessaire, la confiance était surtout de saison. On la laissa faire. Au bout de quinze jours on ne pouvait plus avoir d'inquiétude pour l'avenir. La maison est pleine aujourd'hui, et il faut admirer la part que prit le peuple de Rouen à cette fondation. La première fois que les Petites Sœurs parurent sur le marché, elles firent presque une émeute. On les connaissait déjà; chacun les appelait, se précipitait vers elles et voulait leur apporter son offrande. Les hommes de police chargés de veiller au bon ordre s'étonnèrent de ce tumulte, et furent sur le point de faire éloigner celles qui en étaient l'occasion. Ce fut un bien pire désordre; on s'expliqua cependant, on régla les choses. Les Sœurs font maintenant le tour du marché, et chacun leur remet à son tour la petite aumône qu'il a préparée pour elles, l'accompagnant de bonnes paroles de reconnaissance et de cordialité. Toutefois, il faut en cette affaire se conduire avec sagesse et équité ; car des marchandes se plaignirent un jour à la Supérieure de la quêteuse, qui ne venait pas vers elles aussi souvent que vers les autres. Il fallut encore régler les choses de manière à faire droit à cette plainte si généreuse. De pareils griefs s'élevèrent à Bordeaux, et la mairie se chargea d'en être l'interprète auprès des Sœurs. C'est à Rouen, à cause de la grandeur de la ville et du nombre des pauvres, que les Petites Sœurs quêteuses commencèrent à se faire aider d'un âne. Avec tout son harnachement, l'âne est lui-même un don de la charité. Quand, en allant au marché ou en revenant des maisons particulières qu'il visite régulièrement, l'âne traverse les rues portant sur son dos, outre ses paniers bien remplis, une petite inscription que tout le monde aime et qui témoigne qu'il appartient aux Petites Sœurs, les bons habitants de Rouen, qui n'osent demander qu'on s'arrête chaque jour à leur porte, s'empressent de sortir et de déposer eux-mêmes leur petite aumône entre les mains de la Sœur ou dans les paniers de son serviteur l'âne. Ce ne sont pas seulement des provisions de bouche qu'on dépose ainsi : des hardes, des paquets de linge, des draps tombent quelquefois des fenêtres aux pieds de la Sœur. L'âne emporte tout ; les Petites Sœurs prient pour les bienfaiteurs des pauvres, et le bon Dieu les connaît.

Les rues de Rouen sont assez étroites et souvent fort embarrassées. Un jour, une voiture accrocha les paniers du pauvre âne, qui s'en allèrent, avec tout leur contenu, rouler dans la boue. Un ouvrier était témoin de l'accident ; il s'empressa d'aider la Sœur à le réparer aussi bien que possible. Hélas ! dans le choc, les paniers avaient été rompus ; on raccommoda le tout avec des ficelles, assez mal cependant, et l'ouvrier rentra à son atelier. Il raconta ce qu'il avait vu et le désastre où était tombé la Petite Sœur. Tout l'atelier s'intéressa à cet accident. Tout de suite on se cotise, et le soir on portait en triomphe aux Petites Sœurs deux beaux paniers neufs. Ne sont-ce pas là des traits charmants ? Un des principaux fabricants écrivait à l'abbé Le

Pailleur qu'il lui avait d'incomparables obligations. Autrefois, mes ouvriers, disait-il, ne s'occupaient que des doctrines socialistes ; depuis l'arrivée des Petites Sœurs, on ne parle que d'elles dans les ateliers, de leur vertu, de leur dévouement et de leurs besoins. Cette admiration n'est pas stérile ; elle se tourne en bienfaits de toutes sortes et en mille services que nous ne pouvons analyser. Aussi, lorsqu'eut lieu la bénédiction de la chapelle, ce fut une fête pour toute la ville, une fête populaire. Les principaux bienfaiteurs avaient été invités à la cérémonie que l'Archevêque de Rouen voulut présider ; le maire et le préfet y assistaient, et on y remarquait un grand nombre de simples ouvriers. L'abbé Le Pailleur s'y trouvait : c'était la première fois qu'il venait à Rouen. Les ouvriers le couvraient de leurs regards ; ils reportaient sur lui l'admiration que leur inspirait la vie de ses enfants. Après la cérémonie, ils baisaient ses mains et ses habits, et voulaient recevoir sa bénédiction. Ils n'étaient pas seuls à éprouver cette émotion. Comme le *bon Père* remerciait un des fabricants de la ville, qui s'était montré d'une générosité extrême pour la maison, celui-ci, en lui pressant les mains, lui répondait les larmes aux yeux : « C'est bien à moi de vous remercier ! Avant de connaître vos Sœurs, je ne connaissais pas Dieu ; elles me l'ont fait voir, elles me l'ont fait connaître et aimer. Aujourd'hui j'ai la paix, je suis chrétien, et c'est à vous que je le dois. »

Qui résisterait, en effet, à leur prédication ? Elle est efficace partout. Un jour, une mère et une fille complotèrent de conduire à la maison des bonnes femmes le chef de la famille, fort riche, fort attaché aux biens de la terre, et s'inquiétant peu des enseignements de la foi et des lois de la charité. On lui fait prendre une pièce de cinq francs, qu'il emporte à regret, et qu'il ne voudrait point sacrifier : il visite la maison, voit les Sœurs, s'étonne de leur dévouement et de leur bonheur, voit les bonnes femmes et s'attendrit sur leur air de gaîté. En sortant, il lit au-dessus d'un petit tronc, près de la porte : « Bénie soit de Jésus et de Marie la

main qui met ici un sou pour les pauvres. » Il dépose
sa pièce sans regret ; le lendemain il envoie cent francs;
depuis c'est un bienfaiteur de la maison. Il disait à la
Mère : « Tenez, ma Mère, avec vos pauvres vous m'ouvrez la porte du ciel; avant de vous connaître, j'étais
un mauvais chrétien, je n'aimais pas les pauvres;
maintenant j'aime les pauvres et le bon Dieu. » C'est
un chrétien fervent.

Cette fondation de Rouen, si rapide et si belle; celle
de Bordeaux, tout aussi charmante, n'étaient pas pour
arrêter le zèle des Petites Sœurs : en 1851, elles ont
fondé autant de maisons qu'en 1850. Autrefois, dans
les commencements de leur œuvre, tout en ne faisant
que suivre les invitations de la Providence, elles paraissaient parfois les provoquer. On sait comment elles
s'y prenaient. La maison de Paris, par exemple, dont
la fondation avait été si difficile, ne triompha pas de
tous les obstacles, du moment qu'elle fut inaugurée.
Les Petites Sœurs avaient peine à se faire connaître
dans cette grande ville ; tous leurs efforts et ceux de
leurs amis les plus dévoués restaient à peu près stériles.
Le diable ne s'avouait pas vaincu; il continuait à sus-
citer toutes sortes d'entraves, et, au bout de plusieurs
mois, la maison n'abritait encore qu'une vingtaine de
bonnes femmes. Les ressources étaient peu abondantes;
on subsistait chétivement ; il semblait difficile de s'accroître. Le *bon Père* vint à Paris; il ne se rendait pas
compte de l'obstacle qu'il rencontrait, et ne savait
comment le tourner. Il réfléchit, pria, consulta Dieu,
et prit enfin sa résolution : « Je sais ce que je ferai, se
dit-il, je vais prendre le plus de pauvres que je pour-
rai. » Il ordonna à la Supérieure de recevoir tous ceux
qui se présenteraient; elle en admit trente en quinze
jours. De ce moment, les ressources abondèrent ; la
maison se suffit, et on dut bientôt songer à l'agrandir.

A l'époque de l'histoire des Petites Sœurs où nous
sommes parvenus, on n'avait plus besoin de ces sortes
de provocations; on avait grand'peine, au contraire,
à répondre aux invitations de la Providence et à suffire
à tout ce qu'elle présentait. Le *bon Père*, en voyant

tant de maisons élevées si rapidement (on en avait fondé sept en dix-huit mois), comprenait la nécessité de ne pas se presser. On le sollicitait de divers côtés : il refusait énergiquement, remettant toute nouvelle entreprise à dix-huit mois ou deux ans. Il fallait bien ce temps, pensait-il, pour avoir en nombre des sujets propres à s'acquitter des charges de toutes les maisons ; il était nécessaire, avant d'accepter de nouvelles entreprises, de chercher à soulager un peu les premières Sœurs, qui avaient peut-être abusé de leurs forces. Ce laps de temps était encore indispensable pour former les Sœurs nouvelles à l'esprit de la règle, les instruire à se conduire elles-mêmes et à soutenir les maisons loin de la surveillance de la Mère générale et des conseils du fondateur. Ce dernier s'étonnait d'avoir pu subvenir à tant de fondations qui s'étaient succédé si rapidement. Il voyait là un miracle de la Providence ; il en remerciait Dieu, mais ne voulait point le tenter. Avant de propager davantage l'Institut, il voulait travailler à en fortifier l'esprit et prendre le loisir de former des sujets aptes à maintenir partout la discipline exacte, ardente et dévouée des premières Mères. C'était fort bien raisonner ; mais la Providence a aussi ses raisonnements, et ils ne sont pas pires que ceux des hommes. Le *bon Père* n'avait pas attendu jusqu'en 1851 pour se faire tous les discours que nous venons de résumer. Il avait déjà eu lieu maintes fois de s'étonner de voir, au milieu des Petites Sœurs, se former et se développer rapidement les sujets destinés à conduire les maisons, et de démêler autour d'elles toutes celles qui pouvaient les aider et tenir les divers emplois. Il eût cru aller contre la volonté de Dieu en refusant de les mettre aux besognes pour lesquelles on les réclamait et dont elles paraissaient capables. Il n'en alla pas autrement en 1851 ; les postulantes abondèrent toujours, les novices avancèrent rapidement dans la vie religieuse, et parmi les anciennes Sœurs, celles qui devaient devenir les Mères se distinguaient à mesure que les sollicitations pressantes ou diverses circonstances engageaient le *bon Père* à revenir sur la détermination qu'il s'était si bien promis de garder.

D'abord, ce fut à l'occasion d'un second établissement à Paris. La garde nationale de la dixième légion
demanda le concours des Petites Sœurs pour ouvrir un
asile en faveur des vieillards du dixième arrondisse-
ment. La légion offrait une somme de quatorze mille
francs, et demandait à réserver à chacune des compagnies de la légion le droit de disposer de deux lits, en
donnant une somme de cent ou de quatre-vingts francs,
selon le sexe des pensionnaires. Les offres furent accep-
tées, et on installa la maison de la rue du Regard [1].
Malgré les ressources assurées à l'avance, l'installation
ne se fit pas avec plus de luxe que de coutume. Deux
Sœurs allèrent dès le matin nettoyer et mettre les choses
en ordre. Les lieux étaient à peine vidés : un officier de
la garde nationale qui avait été un des principaux in-
termédiaires de cette affaire, se trouva à leur arrivée ;
il se mit à la besogne avec elles, nettoyant, mais ne
rangeant pas, car il n'y avait pas encore de mobilier à
la maison. Un pauvre se présenta cependant un peu
plus tôt qu'on n'avait compté. L'officier aida à le transporter dans une des salles, où on l'accommoda du mieux
que l'on put. L'abbé Le Pailleur apporta pour tout mobilier une statue de la sainte Vierge, une image de
saint Joseph et une autre de saint Augustin. Il plaça
la statue sur une cheminée, attacha les gravures à la
muraille, se mit à genoux, récita un *Pater* et un *Ave*
avec les Sœurs, et leur adressa ensuite quelques paroles
d'encouragement, demandant à Dieu de remplir et de
dilater la maison, recommandant à ses filles d'avoir des
entrailles de mère pour tous ceux qui l'habiteraient.
Une pareille cérémonie était bien simple ; mais le dénûment des lieux, la jeunesse des Sœurs, la grandeur
de leur mission, la joie du pauvre recueilli et la présence du Dieu invoqué lui donnaient un caractère si
touchant que les larmes en venaient aux yeux. Le soir,
on eut un lit pour le pauvre et des paillasses pour les
Sœurs. Depuis ce temps la maison s'est remplie. Cent
cinquante vieillards l'habitent. Elle est ouverte depuis
sept mois.

[1] Elle a été transportée, en décembre 1857, à l'avenue de Breteuil.

Au mois de juin Mgr l'archevêque en a béni la chapelle. Ce fut l'occasion d'une fête où prit part toute la légion de la garde nationale ; la maison reluisait toujours de la même humilité, de la même pauvreté, de la même grâce des Sœurs devant Dieu. Le concours des premiers fonctionnaires de l'Etat qui se pressaient dans leur petite chapelle, au milieu des infirmes et des vieilles femmes, témoignait aussi que cette humilité, cette pauvreté et cette grâce étaient puissantes même sur les hommes. Monseigneur, en bénissant la chapelle, souhaita à toutes les villes de France et à toutes les paroisses de Paris de connaître bientôt le dévouement des Petites Sœurs. Ce souhait du premier pasteur est déjà en train de s'accomplir, et on propose en ce moment la fondation de nouveaux asiles dans diverses paroisses de Paris [1].

Peu de temps après, une autre maison s'est établie à Laval. L'administration hospitalière de cette ville avait recueilli un legs à condition d'établir un hospice de vieillards. Le legs était considérable ; il consistait en jardins, pré et maison. Pour une administration hospitalière, un tel don était une charge. Le pré et les jardins étaient cependant de bon rapport ; la maison était bien bâtie. Il s'agissait de la meubler, de couvrir les autres frais d'un établissement hospitalier : les infirmiers, les servants, les économes, les directeurs, que sais-je ? Le revenu et même le fonds étaient loin de pouvoir suffire à tant de dépenses. On songea aux Petites Sœurs ; elles seules savent faire quelque chose avec rien et fonder des hospices sans argent. Elles y réussissent même facilement : l'expérience en est faite ; et la chose leur est devenue si naturelle, qu'elles ne paraissent pas s'en troubler le moins du monde. Apparemment elles possèdent un secret.

Elles accueillirent volontiers les offres de l'administration hospitalière de Laval, en réservant toutefois

---

[1] La troisième maison de Paris a été établie rue des Postes, et transférée ensuite au boulevard Mazas. La quatrième a été fondée par M. Hémon, curé de Saint-Sulpice, pour les besoins des pauvres de cette vaste paroisse, rue Royer-Collard.

leur entière liberté ; car cette liberté que l'Eglise donne
à tous ceux de ses enfants qui engagent leur volonté à
son service, leur est en effet absolument nécessaire
pour accomplir leur sainte mission. Il y a quelques
mois à peine que la maison de Laval est ouverte ; elle
saura prospérer comme toutes celles qui l'ont précédée.

En acceptant les divers avantages matériels qui leur
étaient proposés pour la fondation de quelques-uns de
leurs établissements, les Petites Sœurs ne renonçaient
pas aux glorieux priviléges d'édifier sur les seules pro-
messes de la Providence. Leur dernière fondation rap-
pelle la pauvreté et la confiance des premières maisons
de l'Institut. Elles sont arrivées à Lyon sans que rien
ait été préparé à l'avance. Elles étaient inconnues à
peu près de tout le monde, et avaient seulement été en-
couragées par quelques bonnes âmes qui les avaient
visitées à Paris. Elles n'avaient d'autre appui que la
bénédiction du cardinal Mgr de Bonald archevêque
de Lyon et la parole de Jésus-Christ à ceux qui cher-
chent premièrement le royaume des Cieux. Comme
à Tours et à Rennes, un ami dévoué s'était trouvé
heureux de leur donner un asile pour quelques jours.
Elles ont ouvert leur maison le 1er décembre 1851 ;
elles y ont déjà vingt pauvres. Sans aucun doute,
dans la ville des aumônes, au milieu des ouvriers et
des fabricants, leur établissement prendra un accrois-
sement aussi rapide et obtiendra des résultats aussi
consolants qu'à Rouen et à Bordeaux [1].

Aujourd'hui la congrégation des Petites Sœurs se
compose de près de trois cents filles. Qui pense à s'oc-
cuper de ce que font sur la terre trois cents pauvres
filles destinées, par leur naissance et leur éducation, à
être des servantes dans nos maisons ou de simples ouvrières en broderie et en couture? La sagesse humaine ne saurait trouver à employer de si chétifs et si
fragiles instruments. La Providence de Dieu ne les dé-
daigne pas, et elle éclate au milieu de cette faiblesse et

[1] Nous ne nous trompions pas en parlant de la sorte en 1851 ; la
maison de Lyon, établie dans de vastes bâtiments à la Villette, nourrit
depuis huit ans au moins deux cents vieillards.

semble de nos jours surtout, prendre plaisir à s'y manifester. Ce Dieu aimable et tout-puissant se complaît avec les humbles et les petits. Et tandis qu'on propose, qu'on discute et qu'on essaie à grands frais des projets insensés et ridicules de soulagement des pauvres, il charge ces trois cents filles de nourrir à elles seules, de consoler et de soulager plus efficacement que ne sauraient faire toutes les lois et toutes les administrations du monde, quinze cents vieillards en France. Toute la merveille est là ; les autres détails sont superflus. Voilà ce que peut produire dans une âme sacerdotale une seule étincelle de la charité divine. Réchauffées et unies sous ses rayonnements, les Petites Sœurs ne s'emploient pas seulement au service des hommes, si misérables qu'ils soient ; c'est Dieu lui-même qu'elles servent. Elles lui donnent, dans la personne des pauvres, le soulagement que, selon la tradition, la sainte Véronique lui rendit autrefois sur le chemin du Calvaire. Il était alors l'opprobre des hommes, un objet de dégoût et de honte pour la nature entière, conspué, couvert de sueur et de crachats ; la Sainte lui essuya le visage avec un linge. On sait comment son action fut merveilleusement récompensée, et aucun chrétien n'a jamais pu songer sans admiration et sans envie à cette gloire de Véronique. Ce que cette sainte femme accomplissait sur le chemin du Calvaire pour Jésus fléchissant sous sa croix, les Petites Sœurs des pauvres l'accomplissent aujourd'hui, et l'admiration ne devrait pas être moindre. Elles s'approchent du visage de Jésus-Christ souffrant, de Jésus pauvre, dépouillé, outragé, insulté, rebuté et méprisé ; elles essuient cette face divine avec une grande miséricorde et un grand amour. La Sainte, autrefois, pour accomplir son acte d'amour à l'égard du divin Maître, eut tout à braver : les huées de la foule, les violences des soldats et ce mépris universel dans lequel s'était changé le triomphe du jour des Rameaux, ce mépris si puissant et si fort, qu'il avait forcé les disciples à fuir et saint Pierre à renier son Maître. Les Petites Sœurs des pauvres ont à vaincre aujourd'hui la sagesse du monde et les désirs de la nature,

4

elles lui font violence et marchent au rebours de ses inclinations. Ce n'est pas tout que de vaincre la répugnance pour ces vieillards sordides et repoussants, couverts d'infirmités dégoûtantes ; il faut soi-même, en dehors des soins à donner à ces pauvres créatures où la foi des Sœurs leur fait démêler les traits divins du Sauveur, il faut s'abreuver d'humiliation et de pauvreté, d'une pauvreté si extrême que tout ce que nous en avons dit n'en peut donner une idée à ceux qui n'ont pas été admis à en pénétrer le mystère.

Tout manque en effet, tout manque à la fois dans les maisons des Petites Sœurs : après avoir triomphé d'une délicatesse légitime à l'égard de cette nourriture composée des débris ramassés de toutes parts, il faut à chaque instant manquer encore des meubles les plus usuels et les plus nécessaires à la vie. Ce ne sont pas seulement les lits, les paillasses, les draps, dont on peut être privé un laps de temps plus ou moins long, au commencement des fondations. Des maisons établies depuis longtemps, et pour lesquelles la charité publique, quoique toujours active, n'a peut-être plus ces empressements des premiers jours, quand personne n'ignorait la pénurie de toutes choses où se trouvaient les pauvres Sœurs ; des maisons établies depuis longtemps sont encore aujourd'hui entièrement dépourvues de chaises, par exemple ; les vieillards en ont chacun une, mais les Sœurs doivent s'en passer. Cette absence est assez générale dans leurs maisons pour qu'elles aient partout pris l'habitude de *s'asseoir sur leurs talons.* C'est volontiers dans cette posture humiliée et avec des cœurs plus rabaissés encore qu'elles écoutent les instructions du Père et les avis de leur Mère dans la salle de communauté. Un jour, un Jésuite visitait une de leurs maisons : il entra dans le réfectoire au moment où la Communauté allait se mettre à table ; au lieu de verres, les Sœurs avaient des tasses de toute dimension, des pots à confitures, des pots à moutarde, le tout ébréché, cassé, et dans un tel état que le bon Père invita le premier de ses pénitents qui lui tomba sous la main à faire porter immédiatement une douzaine de verres à l'asile des vieillards. Nous entrons dans ces détails; ils indiquent tout un ordre de faits que nous n'avons fait qu'entrevoir, car il faut découvrir ou deviner ces besoins. Les Petites Sœurs se gardent de les avouer; elles quêtent et reçoivent avec reconnaissance; mais elles ne demandent rien pour elles-mêmes. Elles craignent d'abuser de la bienveillance qu'on leur témoigne, et trouvent toujours qu'on fait trop pour elles et beaucoup plus qu'elles ne méritent.

Au milieu de ce dénûment, qu'il faut imaginer aussi grand et aussi complet que possible, nous avons déjà insisté sur le bonheur et la joie innocente des Petites Sœurs. La joie vient de l'âme, elle naît dans les replis de la conscience. Qui peut dire de quelle ivresse sublime et tranquille fut éclairée et transportée sainte Véronique lorsqu'elle reconnut sur le linge l'empreinte du visage du Sauveur? Nos Sœurs éprouvent la même allégresse lorsqu'elles voient reparaître cette divine empreinte dans les âmes confiées à leurs soins. Elles ne se blasent pas sur cette émotion; chaque vieillard qui retourne à Dieu est pour ces grands cœurs l'occasion d'une fête. Cette fête se renouvelle souvent, et rien n'est négligé pour qu'elle soit tout à fait légitime. D'habitude, dans les maisons nouvellement fondées, lorsqu'il y a déjà un petit nombre de pauvres, on prêche une retraite. Ses fruits suffisent à former un noyau de bonnes gens bien dévouées au bon Dieu, et qui exercent ensuite à leur tour une sorte de propagande sur les compagnes que la Providence de Dieu leur adresse. Rien n'égale la joie de ces pauvres créatures réconciliées; elles embrassent les Sœurs en pleurant et en dansant, et ne savent comment exprimer leur bonheur et leur reconnaissance. — Il y a soixante-quinze ans que je ne me suis approchée de Dieu, disait l'une, et je vais le recevoir demain! Pas un des hôtes de ces maisons bénies ne saurait résister à cette grâce de la charité que Dieu leur réservait au bout de toutes les épreuves de leur triste carrière. Ils comprennent bien cette miséricorde, et ils la célèbrent. Après sa confession, un pauvre barbier, qu'un rhumatisme sur les

doigts avait réduit à la misère en le rendant incapable
d'exercer son état, regardait ses pauvres mains infirmes ; et comme on lui demandait ce qu'il considérait
si attentivement : Je regarde le doigt de Dieu, répon-
dit-il. Cette résignation et cette reconnaissance éclatent partout. La joie des Sœurs se comprend ; elles ont
fait leur choix ; elles veulent l'abjection, la pauvreté,
l'humilité et le sacrifice. C'est de propos délibéré
qu'elles ont accepté la voie où elles avancent ; mais
tous les malheureux qu'elles abritent, ces vieillards
perdus de vices, qui, depuis tant d'années, ne s'étaient
pas rapprochés du Dieu de la réconciliation, avaient
traîné leurs jours dans une révolte constante contre
tous les devoirs et toutes les lois, n'est-ce pas un miracle que de les voir heureux, contents, consolés, ai-
mant leurs Sœurs et pleins de confiance ? La main de
Dieu est là, en effet. Sous le gouvernement de cette
main aimable, tout prospère et tout grandit. Rien de
triste dans ces asiles ouverts par les petites Sœurs.
Partout, au milieu d'une propreté charmante, la paix
règne et la joie l'accompagne. Beaucoup de ces vieilles
gens reconnaissent n'avoir jamais mené une vie si heureuse : faut-il s'en étonner ? elles ont la paix de la
conscience ! Les Sœurs, d'ailleurs, en les soignant, en
les nourrissant, trouvent encore moyen de leur faire
mille gracieusetés, auxquelles ces pauvres gens répon-
dent par toutes sortes de câlineries. On les traite comme
des enfants ; elles en prennent le caractère, l'insouciance, la franchise des rires, la simplicité et la gaîté :
la gaîté surtout, on l'entretient et on la fait naître avec
soin. On chante et on fait chanter ces pauvres vieilles ;
on danse, et elles dansent aussi ; mais cela ne se fait
que dans les grandes occasions.

Tout cependant sert de prétexte à ces expansions
de joie : la fête de la Mère, d'une Sœur ; l'agrandisse-
ment de la maison, que sais-je encore ? Dans ces circonstances, il se trouve toujours quelque bienfaiteur
du dehors qui augmente le dîner de ces pauvres créatures d'un petit régal, qu'elles reçoivent en remerciant
Dieu. Qui ne se prêterait pas, en effet, à ces aimables

fêtes ? Dernièrement, la maison de Rouen célébrait l'anniversaire de sa fondation. Les honneurs étaient pour la pauvre bonne femme qui était entrée la première à l'asile. On avait orné de fleurs son fauteuil, on l'avait couronnée ; et les autres en riant, applaudissaient de bon cœur à ce triomphe de leur compagne, aussi vieille, aussi dénuée qu'elles-mêmes.

Les cérémonies religieuses, surtout, reçoivent à l'asile des vieillards un charmant caractère. Les fêtes de la sainte Vierge, l'installation des chemins de croix, la bénédiction de la chapelle en sont les occasions. Nous avons eu le bonheur d'assister un jour à la procession de la fête du Saint-Sacrement. Les bonnes Sœurs, après leur journée de fatigue, avaient passé plusieurs nuits à préparer les reposoirs. Un vicaire de la paroisse tenait le Saint-Sacrement ; il avait amené quelques enfants de chœur pour porter les cierges et les encensoirs. La procession se composait de toutes les bonnes femmes et de tous les bons hommes de la maison. Tout ce monde précédait le Saint-Sacrement à travers les allées étroites d'un pauvre petit jardin. Les Sœurs chantaient les cantiques, dont tous ces pauvres infirmes, en chevrotant, en boitant et en toussant, répétaient les refrains. Le long des allées, autour des reposoirs, ceux qui n'auraient pu sans grand désordre prendre place dans les rangs, étaient à genoux ou assis, pleins de dévotion et de recueillement. A toutes les fenêtres, les impotents, ceux qui ne pouvaient remuer de leur lit ou de leur fauteuil, les mains jointes et le chapelet entre les doigts, recevaient la bénédiction du Dieu qui se complaît au milieu des pauvres.

Sous ces impressions bienfaisantes, ainsi choyées, caressées et paisibles, ces pauvres créatures s'habituent à aimer et à goûter Dieu. Dans ce calme et dans cette joie, si pauvres et si respectables, elles préparent leur bienheureuse éternité et la regardent approcher avec une inaltérable douceur. J'ai vu une de ces pauvres vieilles le jour même où elle venait d'être administrée. On lui demanda comment elle se trouvait : Bien heureuse, bien heureuse, répondit-elle ; j'espère que Dieu me donnera une place dans son paradis et que j'y serai bientôt. Elle demanda qu'on priât pour elle. Elle était dans son lit blanc, les mains jointes et le chapelet entre les doigts, d'un air si vénérable et si reposé qu'on pouvait envier la grâce d'une pareille mort. Elle avait été recueillie à l'asile au moment où elle venait d'être chassée par ses enfants qui ne voulaient plus la nourrir. Elle ne voulait pas leur pardonner cette cruauté ; mais, avec les Petites Sœurs, elle s'était instruite aux leçons du divin Maître. Elle mourait le pardon dans le cœur, la joie et l'espérance sur les lèvres, douce, calme, et, comme elle le disait avec un admirable accent, bienheureuse !

Nous n'en finirions pas si nous voulions raconter tous les traits édifiants et charmants qui se passent dans les maisons des Petites Sœurs. Le cœur et l'esprit se complaisent à ces récits ; ils témoignent que tout n'est pas perdu dans notre patrie, et qu'il y a encore place pour le dévouement, l'abnégation et la charité.

Pendant que les doctrines socialistes et matérialistes, fruit naturel et nécessaire des théories de progrès et des recherches de bien-être propagées de toutes parts de nos jours, dans les journaux et dans les livres, pendant que ces doctrines impies se répandaient partout, allumaient partout cette soif de jouissances brutales dont notre siècle a déjà vu tant d'actes redoutables, l'œuvre des Petites Sœurs des pauvres, comme une protestation de l'esprit de foi et de piété, comme un gage de miséricorde et une source de bénédictions prenait ses accroissements et s'établissait partout. Rien ne l'arrête : leur quatrième maison a été achetée en 1848 au moment de la Révolution de Février, la quinzième et la seizième vont s'ouvrir ces jours-ci à Marseille et à Lille.

Espérons que le développement sera toujours plus rapide, que l'esprit restera toujours le même, et que bientôt toutes les villes de France connaîtront les Petites Sœurs des Pauvres. Jamais le monde n'eut tant besoin de prières et de charité, de respect et d'amour de la pauvreté.　　　　　　　　LÉON AUBINEAU.

POST-SCRIPTUM. — En faisant réimprimer aujourd'hui cette petite notice, nous aurions voulu la compléter et raconter les progrès de l'œuvre des Petites Sœurs des Pauvres durant ces huit dernières années. Nous avons reculé devant l'étendue de la tâche.

La petite œuvre commencée si humblement à Saint-Servan est devenue une des plus imposantes et des plus puissantes manifestations de la charité dans notre siècle. Près de mille Petites Sœurs ont embrassé la manière de vivre où s'essayaient dans la mansarde de Fanchon Aubert, Marie de la Compassion, Marie-Thérèse et Marie de la Croix (Jeanne Jugan). Elles occupent en France et à l'étranger cinquante-trois maisons. Elles soignent et elles nourrissent sept ou huit mille pauvres vieillards. Les merveilles des premiers jours se sont renouvelées partout ; l'esprit des premières Sœurs s'est fortifié et développé. Le petit noyau planté il n'y a pas encore vingt ans, par une main sacerdotale, a pris, dans l'abnégation et l'humilité, une germination admirable ; il est devenu un grand arbre, ses rameaux s'étendent au loin, leur ombre est salutaire, beaucoup d'âmes s'y reposent et y chantent comme dans un asile béni leur dernier cantique d'actions de grâces dans la paix et dans l'amour de Dieu. Ce n'est plus là la matière d'une notice, c'est tout le sujet d'une grande histoire, et peut-être les temps ne sont-ils pas venus de l'écrire. Nous nous contenterons de joindre aux renseignemets que nous avons été à même de recueillir sur les commencements de la Congrégation des Petites Sœurs des Pauvres, la liste des maisons qui en dépendent aujourd'hui :

Saint-Servan.
Rennes.
Dinan.
Tours.
Nantes.
Paris, rue Saint-Jacques.
Besançon.
Angers.
Bordeaux.
Rouen.
Nancy.
Paris, avenue de Breteuil.
Londres (Westminster), Angleterre.
Laval.
Lyon, la Vilette.
Lille.
Marseille.
Bourges.
Pau.
Vannes.
Colmar.
La Rochelle.
Dijon.

Saint-Omer.
Brest.
Chartres.
Liége, Belgique.
Bolbec.
Londres (Southwark) Angleterre.
Paris, rue Beauveau.
Toulouse.
Saint-Dizier.
Le Hâvre.
Blois.
Bruxelles, Belgique.
Le Mans.
Tarare.
Paris, rue Notre-Dame des Champs.
Orléans.
Strasbourg.
LE NOVICIAT, à la tour Saint-Joseph en Saint-Pern, près Bécherel. (Ille-et-Vilaine.)
Caen.
Saint-Etienne.
Perpignan.

Louvain, Belgique.
Montpellier.
Jemmapes, Belgique.
Agen.
Poitiers.
Saint-Quentin.
Lisieux.
Annonay.
Amiens.
Roanne.
Valenciennes.
Grenoble.
Draguignan.
Châteauroux.
Roubaix.
Boulogne-sur-Mer.
Dieppe.
Béziers.

Clermont-Ferrand.
Genève, Suisse.
Lyon, Croix-Rousse.
Metz.
Manchester, Angleterre.
Bruges, Belgique.
Nice.
Lorient.
Nevers.
Flers.
Glascow, Ecosse.
Bristol, Angleterre.
Villefranche.
Cambrai.
Barcelone, Espagne.
Dundée, Ecosse.
Namur, Belgique.
Manrèse, Espagne.

Comme aux yeux des fidèles, le nombre des établissements ne suffit pas à constater la vie d'une famille religieuse, nous ajouterons que par un décret en date du 9 juillet 1854, le souverain Pontife a approuvé la Congrégation des Petites Sœurs des Pauvres fondée par M. l'abbé Le Pailleur, aujourd'hui supérieur général de cette petite famille, dont il a toujours conservé le gouvernement.

La Congrégation a été aussi admise à jouir des bénéfices de la reconnaissance légale, par un décret impérial, en date du 9 janvier 1856.

Les Petites Sœurs vivent sous la règle de saint Augustin avec des constitutions adaptées à leur genre de vie.

Le noviciat, qui était établi à Rennes étant devenu trop petit, a été transféré à la tour de Saint-Joseph, près Bécherel (diocèse de Rennes). Mgr Godfroy Saint-Marc, toujours si bon pour l'œuvre, a inauguré et béni solennellement, au milieu d'un grand concours de prêtres, au mois de juillet 1856, ce nouveau lieu de noviciat qui compte aujourd'hui au moins cent cinquante novices et postulantes.

www.ingramcontent.com/pod-product-compliance
Lightning Source LLC
La Vergne TN
LVHW020053090426
835510LV00040B/1677